U0367030

互联网

运营、管理与营销全攻略

苗小刚 李伟 著

化学工业出版社

·北京·

运营是随着互联网行业兴起而逐步形成的一种新兴职业，是互联网创业者及从业者必须掌握的一项技能。本书能帮助运营新人快速构建互联网运营方法论，快速掌握互联网运营实操，全方位指导读者从零开始学习互联网运营，进而成为一名优秀的互联网运营高手。

本书共分8章，第1、2章重点阐述运营概念、内容，运营人员招聘和岗位分析，以及其具体是一份什么样的工作；第3～7章分别从产品运营、内容运营、活动运营、用户运营、数据运营5个方面进行阐述，全面、深度解读互联网运营的方法、技巧和内涵等；第8章列举了互联网产品运营过程中常遇到的问题和误区。附录选取了10个经典的互联网产品，对其发展历程进行分析，从而辅助运营人员更深入地理解互联网产品运营工作，是全书内容的重要补充。

图书在版编目（CIP）数据

互联网运营、管理与营销全攻略 / 苗小刚，李伟著.
— 北京：化学工业出版社，2020.1（2023.3重印）
ISBN 978-7-122-35091-6

Ⅰ.①互… Ⅱ.①苗… ②李… Ⅲ.①互联网络－应用－企业管理－运营管理－基本知识②网络营销－基本知识 Ⅳ.① F273-39 ② F713.365.2

中国版本图书馆 CIP 数据核字（2019）第 183247 号

责任编辑：卢萌萌　　　　文字编辑：李 玥　　　　装帧设计：水长流文化
责任校对：王 静　　　　美术编辑：王晓宇

出版发行：化学工业出版社（北京市东城区青年湖南街 13 号　邮政编码 100011）
印　　装：涿州市般润文化传播有限公司
710mm×1000mm　1/16　印张 12½　字数 223 千字　2023 年 3 月北京第 1 版第 4 次印刷

购书咨询：010-64518888　　　　　　　　　　售后服务：010-64518899
网　　址：http://www.cip.com.cn
凡购买本书，如有缺损质量问题，本社销售中心负责调换。

定　　价：58.00 元　　　　　　　　　　　　　　　　版权所有　违者必究

前言

随着互联网、移动互联网的发展，互联网产品作为一个产品形式越来越多地进入大众的视线。尽管这是个虚拟的线上产品，但在工作、学习、消费、社交、娱乐等方面很多人已经离不开它。正因为此，诸如微信、QQ、微博、百度搜索，以及各类手机APP等一大批互联网产品才涌现出来。

大量互联网产品的出现，靠的是强大的运营，运营是互联网产品的标配。一个好的互联网产品必须配以完善、科学、合理的运营工作。因此，一个新的职业——运营出现了。然而，由于这一新兴职业不够成熟，不够规范，很多运营人员无法将工作做到位，无法真正地给所服务的产品以支持。

一个有3年互联网产品运营经验的运营人员说，他曾在一家团购类电商平台做运营工作，负责提升新客数。而他对这份工作十分不满意，理由是分管运营工作的"boss"（经理）是销售出身，几乎将运营团队变成了销售团队，自己所做的运营工作也偏向销售了，很多运营导向的事就没有再做过。他甚至有点焦虑地说，自己不再是一名运营人员了，而是一名销售助理。

另一个从业者，在一家中文搜索公司做用户运营，该公司的工作方式是，由产品经理决定每个版本做什么功能，以什么形式实现；运营人员负责上线后的拉动和维护工作。这家公司的问题在于运营人员从没参与过产品决策的讨论，而且对产品的进展情况毫不知情，直到决策已定，甚至原型、交互、设计稿都确定了才告知运营人员，如果这时运营人员发现问题再进行紧急调整，就意味着节奏被打乱，之前的积累几乎白费，用户也会跟着被折腾。

由此可以看出，大多数运营人员之所以无法做好本职工作，原因不在于产品本身不够好，而是领导不懂运营，尤其是中高层领导。运营在整个产品设计、生产、推广和服务过程中，绝不应该只是一个无关紧要的角色，而是要深度调研、分析用户需求，根据用户需求辅助产品团队做出决策，从而为用户做出更符合其需求的产品。

综观微信、QQ、新浪微博、百度搜索这些知名互联网产品，都是运营人员深度参与的结果。这些产品之所以能长期被用户青睐，离不开运营人员背后的辛勤劳作。

运营是个系统性十分强的工作，需要运营人员全流程参与，多环节把控，因此，就有了很多细分运营岗位，如产品运营、内容运营、活动运营、用户运营、数据运营等。每一个运营分支又是运营工作的重要组成部分，因此做运营工作必须了解各个流程的运营工作。本书第1、2章重点阐述运营概念、内容，运营人员的招聘和岗位分析，以及它具体是一份怎样的工作。第3~7章分别从产品运营、内容运营、活动运营、用户运营、数据运营5个方面进行阐述，第8章列举了互联网产品在运营过程中应规避的误区。附录选取了10个经典的互联网产品，对其发展历程进行分析，从而辅助运营人员更深入地理解互联网产品运营工作，是对全书内容的重要补充。

运营，是随着互联网行业逐步兴起的一种新兴职业，是互联网创业者及从业者必须掌握的一项技能。

本书能帮助运营新人快速构建互联网运营方法论，快速掌握互联网运营实操，能全方位指导读者从零开始学做一名互联网产品运营人员。本书紧紧围绕互联网产品运营这个话题展开，目的在于帮助一线运营人员多快好省地做好自己的工作。

目录

第 1 章
运营，重塑产品发展模式

第 2 章
企业运营人员招聘和岗位分析

第 3 章
产品运营：所有运营工作的基础

第 4 章
内容运营：做好内容就成功了一半

第 5 章
活动运营：没有活动，就没有留存和促活

第6章
用户运营：满足用户需求是运营的终极目标

第7章
数据运营：数据使整个运营更精准、更精细

第 8 章
规避误区：只有防患于未然，才能为运营保驾护航

附录：
互联网产品运营经典案例分析

运营，
重塑产品发展模式

在相当长一段时期内，以提升技术来改变产品是主流。诚然，技术在产品中的作用不可忽视。然而，自从互联网产品兴盛起来后，运营越来越被重视。这是因为技术永远是冰冷的、无感情的，而运营则是有温度的、有情感的。技术再发达也是服务于产品的，而运营则可以主宰产品。

1.1　运营决定互联网产品的生死

互联网时代的产品，特别是依靠网络技术开发出来的互联网产品，正在以一个新的姿态出现在大众面前，包括产品形态、功能、体验、盈利模式等，这是以往任何时代的产品所不具备的。

例如，360免费向用户开放，为什么不会赔钱？支付宝为什么在鼓励消费的同时，却大量送现金红包？淘宝为什么开通微淘功能？知乎为什么总能产生那么多优质内容？一些电商平台如何依靠粉丝实现引流变现？等等。

再如，小米手机高速发展背后缔造的一个个神话。严格意义上讲，小米手机不是互联网产品，但在雷军的运作中被深深地打上了互联网的烙印。从其诞生到现在火遍全球，完全是用互联网思维来运营的。雷军关于互联网时代的产品有个七字口诀，即"关注、极致、口碑、快"。"快"是最典型的互联网思维中迭代思维的核心，也是小米手机在整个发展历程中体现最突出的一个特征。如小米的操作系统，小米MIUI操作系统的更新频率很快，大致有三个更新频率：一天一更新，面对的用户大概是几千个；一周一更新，面对的是几百万用户；一月一更新，面对的是90%的普通用户，这个版本被称为稳定版。

正如雷军所认为的，"快是一种力量，快能掩盖很多问题，当企业迅速发展时风险往往最小，当速度减慢时所有的问题就都暴露出来了"。值得注意的是，这个节奏并不适用于所有企业，MIUI操作系统的更新频率是针对不同用户组的，用户不同，更新频率也不同。

从以上实例可以看出，互联网产品与传统产品确实有着不一样的特性，因此，在具体的运营上也会有很大不同。

互联网时代，用户需求变化非常快。对于产品方而言，绝不能寄希望于一次性满足就够了。而必须通过运营，让产品功能越来越丰富，服务体验越来越完善，培养用户的黏性和忠诚度。

以往的传统产品只要有足够的技术支持、有质量保证基本就可以在市场立足，而互联网产品除了应具备上述两个条件外，还必须辅以强大的运营。质量、技术、运营是支撑一个互联网产品赢得市场和用户的三个基本条件，如图1-1所示。尤其是运营，在企业的运转过程中起着决定性作用，在质量几乎接近、技术日益普及的前提下，产品与产品之间拼的就是运营。

一个企业必须重视运营，否则即使有再好的产品，再成熟的技术，也很难持久地发展下去。

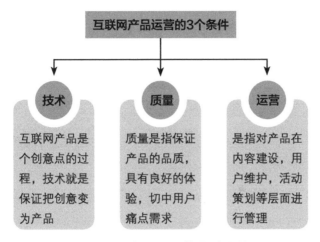

图1-1 互联网产品运营的3个条件

1.2 运营的概念和内容

所谓运营可以分两个层面来理解。从广义上讲，运营是指对企业所有经营活动，以及与其密切相关的各项工作进行计划、组织、实施和控制等的总称。从狭义上讲，运营仅仅是指对其生产、经营的产品及其相关方面，如宣传推广、粉丝引流、数据分析、反馈改进等的运营。本书所指的运营是狭义上的运营，仅仅针对企业所生产、销售的产品。

根据概念可以得出，狭义上的运营包括两个方面的内容：一个是对产品自身的运营；另一个是对与产品相关方面的运营。具体运营内容包括5个方面，如图1-2所示。

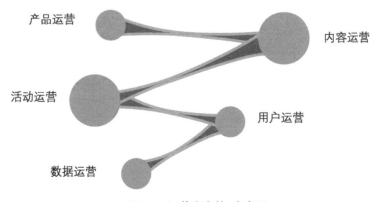

图1-2 运营内容的5个方面

（1）产品运营

产品运营是针对企业生产或销售产品进行内容建设、用户拉新与维护、营销创意和策划等相关工作的一种运营。现在很多互联网企业都会设置产品运营这个职位，如产品创意总监、产品运营经理，至少也会设一个产品运营专员，目的就是对产品进行专业化管理，以便更好地服务用户。

产品运营往往是整个运营链条中最基础、最核心的部分，根据产品所处的阶段不同，工作的职责也不同，具体如表1-1所列。

表1-1　产品运营的职责

所处阶段	工作职责
研发期	即产品上线前一阶段，此阶段的职责在于搞清楚产品的定位以及目标用户
内测期	也叫种子期，此阶段的职责在于收集用户行为数据和相关的问题反馈，和产品策划一起分析讨论进行产品优化
成长期	即产品爆发期，这个阶段活动策划是必不可少的，产品要爆发就必须配以大量的宣传、推广活动
成熟期	即红利期，是保证产品实现稳定盈利的重要阶段，运营的主要任务就是要做好产品策划、推广以及用户的供需关系
衰退期	红利末期或长尾期，产品的这个阶段营收贡献急剧下降，用户流失加剧，用户活跃度明显下滑。在运营策略上可逐步减少资金、技术上的支持，并逐步开发新产品或替代品

需要注意的是，只有产品销售、服务能力，而没有产品研发、生产能力的企业，或一些B2B产品〔B2B产品又分为商务拓展（Business Development，简称BD）和销售两种，销售是直接卖产品，BD更多的是互惠互利的一些合作〕，只需要重点做产品成长期和成熟期两个阶段的运营工作就够了，不需要面面俱到。

（2）内容运营

内容运营是指基于产品而进行内容策划，内容创意、优化、编辑、发布与营销等一系列工作的运营。其目的是通过这些付费的或免费的内容赢得新用户，稳固老用户。

既然内容运营的目的是在产品与消费者之间搭建一个以内容为主的沟通渠道，那么就需要一定的媒介。内容运营媒介的类型比较多，既包括传统媒体，如电视、广播等，也包括新媒体，如微博、微信、直播平台等。随着智能设备、移动互联网的发展，新媒体运营占绝大多数。与传统媒体相比，新媒体有很多优势。比如，新媒体使用起来更为便捷，受众群体广等。从运营人员的角度来看，新媒体运营还有一大好处，就是内容不必亲自采编、整理和撰写。新媒体内容多来自用户，用户既是内容提供者又是享用者。

值得注意的是，无论是传统媒体还是新媒体，任何一种形式都必须以优秀的内容为基础。

（3）活动运营

活动运营是指以市场为手段，通过花钱或不花钱等方式，组织、策划某个活动，对产品进行宣传、曝光、营销等一系列的干预行为，以达到增加下载量，提高平台活跃度，扩大品牌传播面的目的。

在互联网行业，活动运营多见于线上线下，当然，往往是线上线下相结合的方式，以线上为主，线下为辅。

案例 ❶

网易云音乐曾做过一个"送一首歌，给十年后的自己"的活动，如图1-3所示，这是典型的线上线下相结合的活动运营。这是个话题类活动，目的是衔接从线上到线下再到线上的转化，这个话题由于很好地触发了年轻人对喜爱的音乐的探讨兴趣，趣味性、参与度都非常高。参与话题的人非常多，引导了大量用户生产内容（UGC），最终该活动干脆变成了一个由用户主导的活动，不但大大提升了用户活跃度，更重要的是实现了品牌的自传播。

图1-3　网易云音乐活动运营截图

（4）用户运营

如果说活动运营是一种"以产品为中心"的运营方式，那么用户运营则是一种"以人为中心"的运营方式，目的是贴近用户、团结用户、引导用户，强化用户对企业、对产品的忠诚度。

在整个运营过程中，用户运营应该贯穿始终，如果产品处在早期则更要注意这一点，运营人员要多与用户交流，多听用户的反馈。

案 例 ❷

知乎是一个以用户运营为主的内容性网站，其网站运营人员非常愿意与用户交流，甚至主动干预用户体验，有的时候令人很难分清是用户还是官方工作人员。

知乎一开始便确立了"以人为核心"的产品运营机制，依靠制造热点和好的话题，引导用户参与和讨论，从而营造浓厚的社区讨论氛围。从产品运营机制来看，知乎走的是一条"以问题为聚集单元，以人为流量单元"的路线，这大大保证了用户发布的内容能被更多其他用户发现、关心和赞同，而更多用户的这些行为则会带来流量的二次传播，帮助内容更好地传播。

另外，好的内容被发现后，还有可能出现在今日热门、知乎日报、知乎周刊、知乎精选、知乎官方微博推荐上，甚至加入知乎丛书中，从而让每一个内容都获得最大限度的曝光与认可。而在这个传播过程中，用户本身是否有足够粉丝是相对弱化的，大V的答案也可能只有个位数的赞同，而无数匿名答案则超过千条、万条赞。

这样的关系沉淀将会延伸知乎在用户心中的边界，并且完成了用户与用户群的联系，使用户更加稳定地活跃在知乎。

（5）数据运营

数据运营是指运营人员通过搜集来自多方的数据，并对其进行分析，把隐藏在海量数据中的信息挖掘出来，作为支撑其他运营的证据，让企业决策更科学合理，产品更完美，符合用户需求，让服务更周到。

现在，数据已经成为一个企业和产品运营的重要资源，有了大量数据的支撑，运营会更精准。随着互联网、移动互联网的发展，智能设备和平台的大量出现，数据越来越多，获取也越来越容易。

案例 ❸

　　微信指数是微信基于微信大数据而推出的一个移动端数据分析工具。该功能向公众开放了基于微信产生的海量数据，并通过技术分析，可生成有价值的指数形态，直观地呈现出某个热词的变化趋势，从而为个人或企业决策提供参考。

　　例如某共享单车运营方想了解微信用户对"共享单车"的需求情况，便利用微信指数功能调出相关数据。具体操作方式为：打开微信指数小程序，或在微信"搜一搜"中调出"微信指数"功能，然后输入关键词"共享单车"，单击"搜索"即可，对应数据一目了然。如图1-4~图1-6所示。

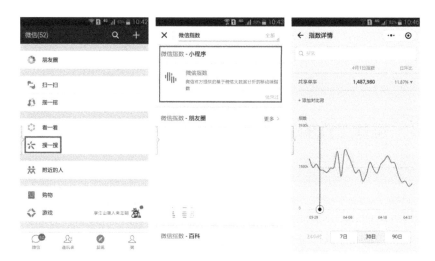

图1-4　微信"搜一搜"界面　　图1-5　微信指数功能　　图1-6　共享单车数据趋势

　　搜索结果显示，"共享单车"一词在最近24小时、7日、30日、90日的数据变化情况。同时也可以添加对比词，如与"共享汽车"对比，则可以在对比词一栏中输入"共享汽车"，如图1-7所示，搜索后即会出现两者的对比趋势图，如图1-8所示。

　　随着微信商业化趋势的不断加强，微信指数可以说是一个非常"应景"的功能。它可以帮助企业、微商运营人员及时了解某关键词在微信用户中的需求及变化情况，从而针对微信用户制订精准的产品投放和营销策略，也可以对投放效果进行有效监测、跟踪和反馈。

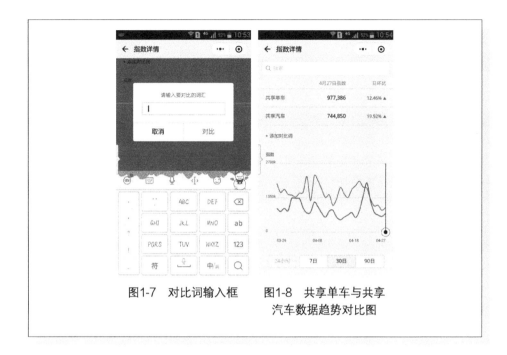

图1-7 对比词输入框　　图1-8 共享单车与共享
汽车数据趋势对比图

1.3 运营工作的3个层面

对互联网企业而言，一个完整的运营链条大致包括3个层面，分别为战略层、策略层、战术层。其中，战术层又分为战术策略层和战术执行层，且这几个层面存在密切的、必然的内在联系，在执行的时候不可人为地割裂开来，厚此薄彼，也不可颠倒顺序，本末倒置。

（1）战略层

运营战略是指企业以用户需求为导向，对运营任务、目标及目标实现的方案、措施做出总体的、长远的谋划，并付诸实施与控制的过程。比如小米公司将"粉丝经济"确定为其运营核心，并上升到战略层面，在这个总战略的指导下，所有工作都是围绕为粉丝提供良好产品和体验服务的。

（2）策略层

运营策略是指企业根据所在市场所处的地位而采取的一些运营组合。包括品牌策略、产品策略、价格策略、促销策略、渠道策略、服务策略等。

值得注意的是，策略层应该与战略层保持高度一致，时时、事事围绕战略来制订所有的策略。仍以小米为例，在"粉丝经济"这个总战略指导下，构建了小米论坛，而这个论坛就是具体的策略之一，该策略是为"粉丝经济"总战略的达成服务的——通过论坛来聚集用户，并加深与用户的互动，强化感情，继而让用户越来越认可小米，最终成为小米的粉丝。

（3）战术层

有了战略、策略后，接下来就是执行，也就是我们说的战术层。所谓的战术层，是指围绕策略而选择的战术方法，即具体的执行方案。

以小米为例，为实现"粉丝经济"这一总战略目标，其中一个策略是建立小米论坛，但论坛建好后具体该如何做呢？比如，如何增加注册用户数，如何让用户积极参与，如何让论坛活跃起来，如何增加用户的黏性等。这些都属于战术层面的内容。

综上所述，一个完整的运营工作不是随意构建的，而是需要根据企业的总体发展战略、目标和实际需求等，有制度、有流程、自上而下、循序渐进地进行的。既要从战略层面考虑，也要从战术层面考虑；既要有顶层设计，又要有细化方案。只有这样，运营工作才能顺利、有序地进行，否则所谓的运营就是一句空话。

第2章

企业运营人员
招聘和岗位分析

综观那些优秀的企业，它们的背后都有专业性很强、职能细分明确的运营团队。本章重在阐述互联网企业需要什么样的人才和最基本的组织架构。

2.1　招聘高效运营团队

运营是一个系统性很强的工作，仅靠一个人是不够的，必须依靠团队，只有精诚合作才能使各个运营环节完美衔接，高效运转。尤其是在成熟的企业和团队中，由于产品多，用户基数大，用户需求复杂、个性化强，对运营分工要求非常高，无论是产品、渠道、市场，还是售后都需要专人专管、专人负责，必须做到团队运营。

目前，已经有不少互联网企业意识到这一点，通过各种途径来招揽人才，以建立一个完美的运营团队。但运营工作对人才要求相对较高，再加上该职业是随着互联网、移动互联网的发展而逐步出现的一个新兴职业，人才严重稀缺。

鉴于此，企业在人才招聘方面的难度比较大。那么，在有限的资源条件下，如何组建一支高效的运营团队呢？这里提供两条思路。为了使思路更有实操性，接下来就结合实例进行分析。图2-1所示是两个企业在某招聘网站上的招聘启事，其运营岗位职责是这样描述的。

运营岗位职责：
1. 参与制订企业产品运营策略，定期策划并执行营销方案；
2. 通过有效的运营手段提升粉丝活跃度、提高产品影响力和持续关注度；
3. 跟踪推广效果，进行活动统计与监测，分析数据并反馈；
4. 与其他社交网站建立品牌合作关系，保持活跃度，推广公司品牌，提升粉丝量。

运营岗位职责：
1. 寻找产品与互联网的结合点，策划互联网创意营销新玩法并负责执行推动；
2. 结合公司内部外部资源，输出活动和新玩法营销方案，高效完成用户拉新、留存、促活工作；
3. 根据产品不同应用场景，策划线上线下营销承接方案，提升互联网产品知名度；
4. 与技术开发团队保持良好沟通，持续收集用户反馈并了解用户潜在需求，推动产品质量的持续改善。

图2-1　运营岗位职责

图2-1所示的职位描述虽然不完全相同，但从中也可以对运营岗位的基本职

责窥见一斑。通过简单的分析，大致职责包括活动策划、客户维护、渠道拓展、数据分析等，当然存在公司主业务、产品类型及具体负责事务的差异，还需要做好其他相应的工作。不过，这也为运营人员的工作指明了方向，为更好地做好运营工作，无论是在实践中，还是学习充电中，都要侧重加强这几方面的能力提升。

不过，任何事情都不可生搬硬套，毕竟现实中综合型人才比较少，善于做策划、推广，文笔又优美的人可遇不可求。如果能够聘请到一个在某方面特别擅长的人，不妨转化一下选人思路，分别聘请。例如，A精通产品前期策划，但无法用语言进行良好表达，而B恰恰是写作能手，那么，就可以让两者精诚合作，配合完成任务。有了分工，就需要对运营团队的职能进行分工配置，对人员职责进行明确划分。

2.2 互联网运营团队具体分工

运营团队需要科学、合理地配置人员，那么该如何配置呢？对于一个互联网企业而言，产品运营、内容运营、活动运营、用户运营、数据运营是必不可少的5大业务板块，且都十分重要。

根据这5大业务板块可以推测出一个运营团队应具备的5个职能，具体如图2-2所示。

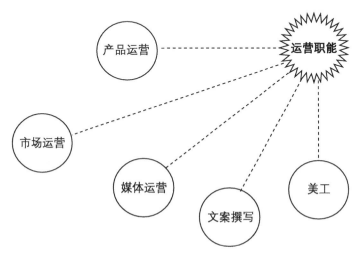

图2-2 运营团队中应设置的5个职能

每个岗位都需要专人维护，因此就产生与之相对应的5类人才，即产品运营人员、媒体运营人员、市场运营人员、文案撰写人员、美工。一个运营团队中至少要具备这5类人才，才能基本上做好所有的运营工作，包括前期策划、中期推广、后期服务等。

（1）产品运营人员

对产品和市场数据进行分析，并以此为依据推动产品改进。对使用产品的用户群体进行有目的的组织和管理，准确识别、理解他们的需求，时刻保持敏锐的用户感觉。

（2）媒体运营人员

经营维护好各个渠道，包括自媒体、社交平台、新闻门户网站、搜索引擎等，确保产品获得全渠道的推广。

（3）市场运营人员

分析用户行为，了解用户需求，策划用户活动，维系用户忠诚度。

（4）文案撰写人员

想方设法提高阅读率、打开率、转发率，还要实现"流量变现"，把流量转换为收入。

（5）美工

负责对产品宣传、推广、营销活动文案进行色彩、基调、创意上的加工和创作，让内容得到更好的呈现。

值得注意的是，这里的美工多指新媒体美工，新媒体美工与以往网页美工不同的是，其主要针对移动端的内容呈现，如手机版的各大网页、今日头条、微信公众号等。在移动互联网盛行、移动智能设备逐步成为大众获取信息的主要途径的这个风口，新媒体美工也成为互联网运营工作中一个不可缺少的工种。

互联网、移动互联网时代，信息载体由网页向智能手机、平板电脑转移，以社交平台为入口，导致用户阅读习惯发生根本性变化。这些变化要求呈现的内容应倾向于轻量化，时间上倾向于碎片化，形式上倾向于可视化，传播上倾向于互动化，这都需要新媒体美工做好后期设计与编辑工作，对平面、色彩、基调、创意等进行优化和处理。

一个团队，只有在每个职位上都有明确的分工，细化出更多的工种，才能真正做到专业化、个性化。

2.3　互联网运营工作的5大板块

2.3.1　产品运营

与传统产品不同，互联网产品有着特殊的形态，既包括电商类、工具类、阅读类、网络社区类等有形的产品，也包括服务于互联网的无形产品，如客户服务、渠道管理、数据分析，这些产品往往是无形的。

随着互联网技术的发展和日益成熟，很多产品已经脱离了单一形态。例如，京东在提供购物服务的同时涉猎网络社区产品，小红书从单一的网络社区类产品向综合性的电商类产品转型。但无论是什么形态，对于运营工作来讲，宗旨不会变，必须做好体验。比如，一个网络社区类产品，如何体现运营的价值？关键是看是否营造起了热闹的氛围，是否有人分享、有人点赞，是否有高质量的内容供阅读，是否有热门的话题可供互动。

2.3.2　内容运营

内容，是互联网产品的一个新特点。对于互联网运营工作而言，核心就是做内容。只有做好了内容才能有用户，内容越优质，用户黏性越强，口碑也越好，越利于传播，反之用户黏性越弱。

例如，微信公众号是典型的内容类产品，评判一个公众号运营得好与坏关键在于内容。有人认为，所谓内容运营就是内容编辑，其实这是个误解，这里需要重点提醒下。内容运营和内容编辑是两个完全不同的岗位，具体可以从工作性质、晋升空间、职业发展轨迹等方面进行分析。

内容运营与内容编辑虽然都从事与内容有关的工作，但工作性质是不同的，前者属于运营岗，后者属于编辑岗。再者，从晋升空间的角度看，内容运营的范畴划归P序列，内容编辑的范畴划归M序列，P序列通常要比M序列专业性强、发展空间大，工资也更高。

接下来，我们就来详细了解一下P序列和M序列。

（1）P序列

在大型互联网公司，晋升职称通常用"P+数字"表示。例如，百度员工的晋升职称有12级，从P1到P12。P1、P2属于非常低的级别；P3属于运营专员，能够在指导下完成运营工作；P4属于高级运营，能够独立完成领导安排的运营项目；P5则能发现产品存在的运营缺失，独立发起项目并且完成。越往上职称等级越高，每一级差的能力要求也越高，如图2-3所示。

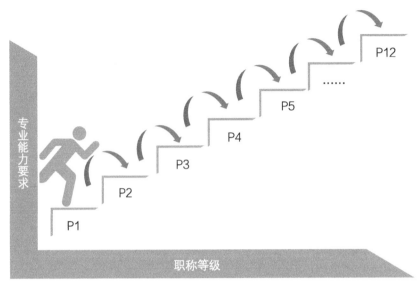

图2-3　P序列晋升通道示意

总之，级数越大，对运营人员的专业能力要求越高，相应地，其对公司的贡献也越大。另外，需要提示一下，很多新人都存在一个误区：认为运营专业岗位的薪资比管理岗位的要低。其实真实的情况是在核心产品的核心岗位，有不少运营专业岗位的从业者领到的工资比管理岗位的高，而且还不用操心团队建设。

（2）M序列

如果按照P序列的职业发展通道，做到项目经理后就可以把一部分工作分配给组员完成，但总的来说，走P序列职级再高还是要亲自操刀做运营。不喜欢一直做具体的执行工作的运营人员，可以走M序列管理职业发展通道。

M序列的职业发展路径是：运营专员→高级运营→运营经理（副）→运营经理→高级运营经理（副）→高级运营经理→运营总监（副）→运营总监→高级总监（副）→高级总监→首席营销官（CMO）。当然，管理级别上可以一直做到高级副总裁。在一线互联网企业，会有统一的管理岗职级标准：M1（M1a，M1b）／M2（M2a，M2b）／M3（M3a，M3b）／M4（M4a，M4b）。越往上，职称等级越高，每一级差的能力要求也越高，如图2-4所示。

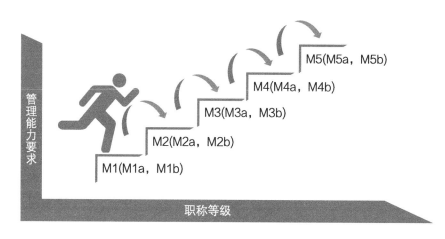

图2-4　M序列晋升通道示意

内容编辑是属于强内容驱动型的产品才需要的工种，职业发展很依赖于平台，这个平台一定是靠内容变现的。世界上的平台有那么多，强内容型的平台只是其中的一种，更何况，仅依靠内容变现的产品商业回报比起其他类型的产品来说没有那么大。

这样的平台一般是指门户网站、资信平台。而内容运营则是不挑平台的，互联网上的任何东西都是内容，任何产品都需要内容运营，内容型的产品需要内容运营，电商也需要内容运营，工具也需要内容运营，无论是大公司还是小公司都需要内容运营。

2.3.3　活动运营

运营人员肩负着增加交易额的重任，活动运营的目的是提高销量，实现盈利。可以说，在整个运营过程中，活动运营是一种可以直接提升产品交易额的工作，好的活动可以直接提升产品销量，快速实现变现。因此，做运营工作，活动不能停，否则产品变现将会变得遥遥无期。正如很多运营人员的抱怨："一不做活动，单日交易额马上骤减！"

活动运营是整个运营工作中的一个重要分支，是指通过策划实施多渠道、多形式的活动，来提升整体工作的质量，提升产品的销量。相比于内容运营、用户运营，活动运营则更具引爆性，能够在较短的时间内对目标数据进行提升。

2.3.4　用户运营

对用户的重视，在传统产品时代已经做得足够好，用户作为企业的重要资源，直接关系着产品生死。因此，做产品必须围绕用户去做，做最符合用户预期的、最切中用户痛点需求的产品。而到了互联网产品时代，用户的地位和作用则更加突出，很多互联网公司将用户利益上升到了绝对高度。

也正因为此，运营工作中才有了用户运营，甚至针对细分用户做不同的运营。这意味着企业要做的不仅仅是满足用户需求，还要搭建更科学、更合理的用户体系，引导用户产出优质的内容，为产品谋求更多附加值。

传统产品时代，购买产品的不叫用户，而是客户，因为他们购买了产品之后，企业极少主动去维护，除非是为了推销新的产品。但在互联网时代，企业为了谋求长期的盈利，必须让产品有二次盈利的能力。此时，就需要对用户主动管理，对部分核心用户、重度用户进行重点维护。用户等级体系如图2-5所示。

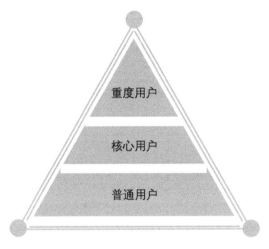

图2-5　用户等级体系

对于核心用户、重度用户要给予他们最大的空间，不要过多地干涉，要让他们自主地帮企业去宣传产品；对核心用户要加大引导力度，要让他们对产品有更多的依赖，让他们在产品的社群里面有一定的影响力；对普通用户要在故障处理和意见反馈上做到响应迅速，还要让他们在社群或者网络社区有一定的归属感。

2.3.5 数据运营

数据运营是指数据的所有者通过对数据的整理、分析、挖掘，把隐藏在数据中的海量信息提炼出来，并发布出去，以辅助产品运营。随着大数据越来越重要，数据运营逐步成为贯穿整个运营生命周期的、不可缺少的运营方式。

数据是反映产品和用户状态最真实的一种方式，通过数据指导运营决策、驱动业务增长。与数据分析师的岗位不同，数据运营更加侧重支持一线业务决策。

数据运营属于一种技能，主要包括数据规划、数据采集与数据分析三方面。数据规划的目的是搞清"要什么"，收集整理业务部门数据需求，搭建数据指标体系；数据采集的目的是采集业务数据，向业务部门提供数据报表；数据分析的目的是通过数据挖掘、数据模型等方式，深入分析业务数据，提供数据分析报告，定位问题，发现问题，提升效率，促进增长，提出解决方案。

2.4 互联网运营人员的考核和激励

2.4.1 明确被考核人的人、岗、责

绩效考核一般是结合人、岗、责进行的，即在考核前，要明确被考核人在什么部门、是什么岗位、从事什么业务等。因此，在对运营人员进行考核前，必须先明确他的人、岗、责，所在公司的组织架构，所在的岗位和负责的业务，然后根据这些制订考核标准、考核目标。

那么，互联网企业通常有哪些组织架构呢？其运营人员的岗位、职责是如何安排的呢？为了更好地理解，我们可以先看一下传统企业的组织架构。根据传统企业的组织架构就很容易对互联网企业的组织架构进行精准的划分和定义。传统企业一个较完整的运营部组织架构无外乎研发、生产、市场、销售等部门，如图2-6所示。

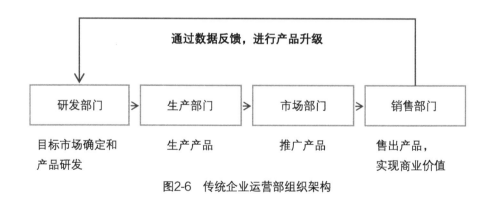

图2-6 传统企业运营部组织架构

（1）研发/生产部门

传统企业的研发/生产部门决定公司生产什么产品，对应现在的互联网企业就是目标用户的确定和内容生产，即数据运营、内容运营的工作内容：数据运营

决定研发方向（内容），内容运营决定生产内容。

（2）市场/销售部门

传统企业的市场/销售部门解决产品的推广、销售问题，对应现在的互联网企业就是网站的推广和盈利，具体到运营工作，主要包括活动运营、商业拓展运营或用户运营。活动运营让网站、产品提升影响力，商业拓展运营进一步扩大其影响力，最终为网站产品创造价值。

由上可以得出，无论传统企业，还是互联网企业，都在遵循着一条商业价值链：研发选择目标市场，进行产品研发→生产产品→推广产品→卖出产品→通过用户数据反馈研发，修正产品定位→继续新一轮研发生产。这种循环创造商业价值的方式，就是传统企业的商业闭环，同理，在互联网企业中也是如此。这也说明，传统企业、互联网企业的组织架构有很多一脉相承的地方，不同的是表现形式有了差异。互联网企业运营部组织架构如图2-7所示。

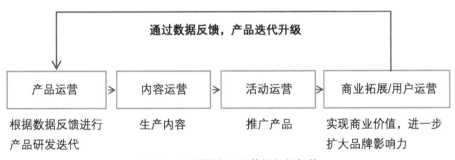

图2-7　互联网企业运营部组织架构

产品运营和内容运营决定网站产品内容，活动运营、商业拓展/用户运营扩大其传播和影响力，最终通过用户反馈来改善内容。这就是互联网运营的商业闭环，企业通过这种循环来不断创造着商业价值。

2.4.2　不同运营人员的常用考核指标

指标是考核工作得以实施的具体标准和依据，也就是说，一个运营人员的工作数量、质量如何体现出来，必须依赖于相应的指标。一般来讲，考核指标具有唯一性、指向性，不同的职能部门、不同职责的人员有不同的考核指标。对于运营岗位来讲，可以根据其工作性质、不同分工进行考核。

从前面的内容中，我们很容易得知，运营部按照职能分工大致可以分为产品运营、市场运营、媒体运营、文案撰写和美工5个细分职位，每个职位对应着专门的运营人员。那么，接下来就分别介绍一下这5个职位相关人员的考核指标，具体如表2-1~表2-5所列。

表2-1　产品运营人员考核指标

考核指标	指标概念及意义
缺货率	指客户需要的货源因缺货或种种原因没有按时达到，一段时间后统计缺货的数量与总发货量的比例。缺货率反映出产品生产或者产品售后服务能力较差
滞销单品率	是指滞销产品占总销售商品的比率，反映商品滞销的情况
库存周转率	是指库存产品周转的效率，反映的是一家企业一年中从购入存货，经过库存生产加工到销售实现整个过程的平均次数
工作报表及时率、准确率	工作报表上报的及时性与准确性，考核产品运营人员的工作报表完成状况
残次品流出率	残次品流出件数，流出件数越多运营效果越差，考核通常以客户投诉为原始依据，货品出仓前，对订单员对货物质量进行二次检查情况进行考核

表2-2　市场运营人员考核指标

考核指标	指标概念及意义
独立访客	即一个网店的独立访客数量。该指标可以直接反映考核者通过网络推广获得的客户数量（注：这个数据通常以一台终端电脑访问为基准，而并非IP）
到达率	即页面到达次数/广告展现次数。该指标是指通过广告投放获得的客户数量，反映广告的曝光水平、投放渠道的准确性、内容的合理性
跳出率	即进入单页面后并未做二次跳转的UV即访客数（独立访客）占单页面总UV的比例。跳出率高表示访客数量不高。该指标是考核市场运营人员对于能否获取有效UV的关键指标
访客平均成本	即获取一个UV所投入的费用成本，借此可以评定推广费用的投入价值，用公式表示就是：访客平均成本 = 单位费用投入结构/单位UV量
投资回报率	即每获取一个订单所花费的成本。成本越低，说明费用使用越有效。计算公式为：投资回报率 = 单位费用投入结构/订单量
新增访客量	即单位时间内新增加的客户比例。新用户比例越高，越有利于订单量、订单额的增加

表2-3　媒体运营人员考核指标

考核指标	指标概念及意义
页面浏览量	是指一个独立访问IP在24小时内访问页面的数量。该指标反映的是网店的整体水平，是提升下单转化率、成交额、客单价的基础性量化指标
人均访问页面	即页面浏览量/独立访客。该指标可以更直观地反映客户忠诚度，以及商品自身的吸引力大小
成交人数	即实际购买人数。该指标反映在某段时间内实际下单并付款的人数
订单转换率	即成交人数/UV。该指标有双重意义，既可以考核运营人员的运营水平，也可以侧面反映推广部门通过网络推广所带来的独立访客的数量
成交额	单位时间内的销售额，以客户最终付款为准，是考核运营人员的最核心关键绩效指标（KPI）
平均停留时长	反映客户黏度的重要指标。该指标可以反映出页面布局、页面内容、商品丰富度、栏目导航合理性等诸多方面的状况
客单价	成交金额/成交人数。即每位独立访客一次购物的成交额，可以反映出商品价格、促销情况、商品详情页与商品的关联状况等

表2-4　文案撰写人员考核指标

考核指标	指标概念及意义
平均点击率	即每单位网站UV点击活动页面的次数。该指标可以考评活动的整体策划水平，点击率越高，说明活动的受欢迎程度越高
活动订单比例	活动期间，日均促销活动订单占日均订单总数的比例。该指标可以反映出促销活动对订单增加的作用大小
活动成交额比例	活动期间，日均促销活动成交额占日均成交额的比例。该指标可以考评文案撰写人员促销策略的核心贡献度
活动订单转化率	活动期间，促销活动成交人数/访问活动页面UV量。该指标若高于店内日均订单转换率，说明活动对网店运营有积极的推动作用
投资回报率	即成交额/活动投入成本。该指标越高，说明活动费用使用越有效，控制情况良好
新增访客量	即单位时间内新增加的客户比例。新用户比例越高，越有利于订单量、订单额的增加

表2-5　美工考核指标

考核指标	考核标准
设计及时率	项目设计的及时性，该指标重在考核设计人员的工作效率，通常以一个项目分配的标准设计时间为准
设计通过率	设计合格的项目与总项目的比例，该指标考核设计人员的工作质量，通常以设计项目的通过比例为准
设计日志完成率	是指每天设计项目所使用的文案、图片、设计文档等整理成的日志备份，是考核设计人员工作量的一个重要指标
计划达成率	设计人员实际完成与计划完成的比例，通常以实际完成情况为准，考核设计人员的实际工作饱和度
PV/UV	PV即Page View，页面浏览量或点击量，UV即Unique View，访问或点击不同IP地址的人数。反映的是设计项目获取客户的能力
跳失率	指显示顾客通过相应入口进入，只访问了一个页面就离开的访问次数占该页面总访问次数的比例，考核设计项目对客户的黏度和吸引力

2.4.3　确立核心指标，进行科学评估

科学的效绩考核离不开绩效指标，它是进行最终业绩评估的基本依据。但这并不意味着被考核人员必须符合每项指标才算达标。事实上，任何考核指标都是相对的，没有绝对性，甚至有的考核指标之间存在着对立性。因此，在对被考核者进行考核时，一定要结合其实际情况，有针对性地确立一个或几个核心考核指标即可。

比如，评估美工的工作质量，可以重点考核页面浏览量（PV）/访客量（数）（UV）这个指标，毕竟任何页面都是为产品销售服务的，只要能提高人均访问页面数，提升客户黏度，其他的如及时率、通过率甚至可以忽略。

因此，在对各个运营人员进行考核时，考核人员要先确立核心考核指标，然后综合其他指标进行有针对性的取舍。那么，如何来对考核指标进行取舍呢？可以按照以下标准进行。

（1）根据评估内容选择

1）工作业绩指标。工作业绩是指工作行为产生的结果，这类指标正是对所产生结果的一类评价标准。比如，完成的数量指标、质量指标、利润值、产量值、有效率等。每个指标与企业的重要目标值相关，可能为关键期工作职责或一个阶段性的项目，也可能为年度综合业绩。评价结果直接反映了绩效管理的最终

目的——提高企业业绩，实现既定目标。

2）工作能力指标。员工的工作能力只有加入具体的评估指标才能真正反映出员工的整体绩效，同时，也只有通过指标的行为引导作用，员工的工作能力才能得以提高。

工作能力指标通常包括人际交往能力指标、影响力指标、领导能力指标。如果再细分的话，人际交往能力又包括关系的建立、团队合作能力、协调能力、解决矛盾的能力。工作能力指标如表2-6所列。

表2-6 工作能力指标

工作能力指标	类型	人际交往能力指标	影响力指标	领导能力指标
	具体内容	关系的建立	沟通力	管理能力
		团队合作能力	说服力	评估能力
		协调能力	应变能力	反馈能力
		解决矛盾的能力	言行影响力	授权能力

3）工作态度指标。我们经常看到这样一种现象：一个工作能力突出的人没有得到较高的评价，而一名能力平平、兢兢业业的人得到的评价却很高。这就是工作态度产生的评估效果。工作态度指标就是专门针对员工在工作中表现出的激情、态度而进行评价的一类指标。通常包括积极性、协作性、责任性、纪律性等，这也在一定程度上说明了绩效评估的公平性。工作态度指标如表2-7所列。

表2-7 工作态度指标

工作态度指标	考核具体项目	每项分数	实际得分	备注
积极性	积极学习行业知识、掌握工作技能			
	对工作的抵触程度如何			
协作性	是否能主动协助上级、帮助同事			
	是否能与同事保持良好的合作关系			
责任性	对工作失误、造成损失的态度			
	对工作的态度、能否负责任地完成工作			
纪律性	是否按时上下班			
	是否存在请假、串岗、离岗等情况			
	是否经常在上班时间说笑打闹			

（2）按照指标的性质选择

1）硬指标。以统计数据为基础，把统计数据作为主要评价信息，通过硬指标信息的直接提取或硬指标计算公式，最终获得数量结果的业绩考核指标。硬指标的表示形式有绝对数量（如日产量100件）和相对数量（如产品合格率100%）。

硬指标优缺点都十分明显，在运用这类指标进行考核时，可谓喜忧参半。接下来，我们就有必要了解一下硬指标的优点和缺点，以做到扬长避短。

① 优点。由于这种指标是以数学模型和统计数据为基础的，可靠性较高，很少受考核人员的主观意愿影响，无论谁去考核、什么时候考核，结果都不会有出入。

同时，因大量数据、公式是相对固定的，可以利用计算机和相关软件进行运算，运用起来会更便捷、更高效。

② 缺点。因要求建立数据采集来源，使用科学的统计技术，对基础工作要求高，如果考核人员技术较差，或搜集的数据不充分、不可靠，会直接影响到考核结果。再加上难以在考核中发挥考核人员的主观判断，致使某些考核过程过于死板，不灵活。

2）软指标。软指标与硬指标正好相对，通常是指在科学调查、取证的基础上，通过人为判断、分析、评估而得出结果的一种考核方式。也就是说，对被考核者考评的结果，主要靠评估者主观认知和判断，得出的结论也较为笼统，比如，优秀、一般、较差等。

运用这类指标，要求评估者对评估对象有充分的了解，包括所从事工作的职责、工作过程。并且在尊重事实的基础上，根据大量数据资料、知识和经验，充分发挥人的主观能动性，看到事物的本质，做出准确的评估。

这类指标的优势在于可以充分发挥人的聪明才智和经验，不完全受制于统计数据的限制，毕竟很多东西是无法用数据完全体现出来的，对被考核者更加公平、公正。同时，其局限性也是明显的，即当评估所需要的资料不充分、不可靠或指标难以量化时，软指标所能做出更有效的判断就十分有限。因此，仅仅通过软指标对评估结果进行统计分析也是不可能的。

综上所述，我们在综合运用软指标和硬指标时，要将数据历史分析与人的主观能动性充分结合起来，扬长避短，互通有无。通过绩效评估这一过程，科学判断和推理，共同提升考核对运营人员的激励作用。

第3章

产品运营：
所有运营工作的基础

在这个产品快速发展的时代，每天都有新产品被不断推出，也有老产品逐渐远离大众的视线。总的来说，是失败者多，成功者少。这是为什么？原因很简单，就是大多数企业尚未明确产品运营的重要性，或者干脆没有产品运营。

3.1 什么是产品运营

互联网刚刚兴起的那几年，涌现出很多即时聊天工具，当时，几乎所有的互联网巨头企业都推出了即时聊天工具产品。大家熟悉的有MSN、飞信、QQ等，而最后生存下来的仅有QQ，究其原因，就是其运营工作做得十分到位。

那么，什么是产品运营？所谓产品运营，是指在市场调研、目标消费人群需求分析的基础上，结合产品功能、属性、特点，提出企业的消费主张，让消费者知道产品的存在，产品有哪些优势，能带来什么利益，以迅速占领他们的心智资源，从而在他们心中留下良好的、深刻的印象。

互联网产品与运营是不可分割的整体。对于它们的关系，很多人可能不太理解，用一个比较形象的比喻来说，产品就像演员、歌手，运营就好比经纪公司，尽管很多演员、歌手有潜质、有实力，但背后都需要一个经纪公司对其进行包装运作，否则就是昙花一现，很难生存。反过来讲，一旦有了强大的经纪公司做后盾，经过包装、推广、公关等一系列手段，即使资质平平的演员、歌手也有可能很快被大众认识，甚至迅速走红。

产品也是同样的道理。一个产品要想被大众所认识，并且深入人心，必须经过运营工作的进一步优化和包装。现在的互联网企业日趋成熟，产品众多，每天都有几十款新产品被推出。酒香也怕巷子深，而运营的目的正是让产品快速地走出"巷子"，进入市场，被大众熟知。

产品和运营之间的关系是相辅相成的，主要表现如图3-1所示。

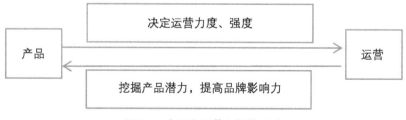

图3-1 产品和运营之间的关系

（1）产品决定运营

一个产品该如何运营，是由其质量、潜力和方向等基础素质决定的，而产品的基础素质在规划初期就已经成型。也就是说，产品的基础素质决定了产品是否有运营必要及运营的力度、强度。基础素质好的产品，运营起来很轻松，效果也会很好；基础素质差的产品，即使有很好的运营，效果也不会太理想。

（2）运营反作用于产品

运营反作用于产品，是指在产品基础素质达标的前提下开始对其进行深挖掘，良好的运营会反作用于产品，挖掘产品潜力，提高产品质量，让产品趋于完美。一个产品刚面世，是不具备迎合市场、迎合消费者个性需求能力的，只有通过运营让产品获得更大的提升空间，并且得到持续的改进。比如豆瓣的相册功能非常简单，体验感也一般，但经过运营却变成了豆瓣用户原创内容的一个极具特色的组成部分。

综上所述，产品和运营缺一不可，不能割裂，它们是紧密结合的一个整体。运营能促进产品的更新换代，为产品拓展新的发展方向，而新升级的产品空间则能给运营带来更多资源。没有高质量的产品打基础，纵然如何运营也成不了爆款；同样，没有强有力的运营辅助，产品再好也成不了爆款。

3.2　产品运营要解决的4个问题

3.2.1　产品是什么

产品是什么？这个问题是解决产品的定位问题。互联网时代产品定位非常重要。产品定位清晰可以在短时间内获得市场的认可，获得精准的用户，并快速占领其心智资源，将其吸收转化为忠诚的粉丝；反之，就会被市场拒绝，获得的用户也不精准，即使靠特定的渠道、一时的推广操作获得第一批用户，也会很快流失。

当提供的产品不是市场所需、不是用户所需时，最终必然会淡出大众的视线。因此，产品运营人员在策划一个产品前，首先要解决的就是产品的定位问题。产品定位重在解决3个问题，具体内容如图3-2所示。

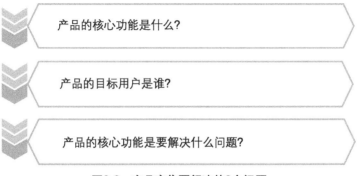

图3-2　产品定位要解决的3个问题

案例 **❶**

　　京东作为一个电商购物平台，它的定位非常明确，核心目标是解决消费者网购时害怕被骗、买不到正品的担忧心理。众所周知，长期以来电商平台所销售商品的质量良莠不齐，个别电商平台所销售的商品质量差，甚至有很多假货，这都给消费者留下了很坏的印象，有的消费者宁愿去实体店购买。

　　京东意识到了这个问题的存在，于是提出了"正品购买，放心购买"的主张，让消费者重新树立了网络消费的信心。也正因为这一标新立异的定位，使京东在林林总总的电商平台中独树一帜，在消费者中的口碑也越来越好。

　　从产品运营的角度讲，京东就是一个产品，它的成功在于定位精准，让目标消费者明确地知道从中能获得什么利益和好处，如表3-1所列。同时这也是致使其成功的几个关键点。

表3-1　京东在自我定位上解决的3个问题

问题类型	解决办法
核心功能是什么？	正品购买，放心购买
目标人群是谁？	**爱网购的消费者**
满足客户的哪些需求？	为用户提供有质量保障的产品和服务

3.2.2　产品有什么优势

　　产品有什么优势？这个问题解决的是竞品分析问题。现在雷同的、相似的产品太多，导致产品很容易被"淹没"在茫茫市场中。一个产品，尤其是新品，如果一上市无法引人注目，很可能就会被竞品压得无出头之日。而产品有无独一无二的优势，就是决定产品能否在竞品中取胜的关键性因素。

　　那么，产品的优势又如何确立呢？很多人常说，一定要等到产品生产出来或上市后，靠市场去验证。其实不必。通过之前的竞品分析完全可以做到，这就与我们所说的产品运营人员有关。

　　产品运营人员的职责之一就是制造产品的优势，并与竞品比较，预判有多大的取胜把握，如果优势明显就可以执行下一步；如果优势不明显，甚至没有优势，那必须果断放弃。

下面，来看一下三个爸爸空气净化器是如何以绝对优势打败众多竞品的。

案例 ❷

　　很多人都知道，空气净化器最主要的功能是净化空气，除去空气中的杂质、污染物质。三个爸爸空气净化器最初也是这样定位的，并在对外宣传上重点凸显这一点，向公众强调这款产品的净化功能如何好、净化程度如何彻底等。从空气净化器的本职功能看这没什么大问题，宣传、推广配合得也可谓足够好。

　　然而，这个定位有个致命弱点，即优势不是十分突出。也就是说，这款空气净化器与其他竞品相比并没有特别大的优势。毕竟，能"净化空气"是所有空气净化器的共同特性，任何一个空气净化器都具备此功能。那么，只有开发出更多、更特别的功能，为用户提供超预期的体验和感受才是产品取胜的关键。

　　鉴于此，三个爸爸空气净化器策划方改变了原先的思路，重点提炼了一个独一无二的优势：杀菌除病毒。这立即抓住了用户的痛点需求，因为随着环境污染的日益加剧，空气中的$PM_{2.5}$（细颗粒物）越来越多，各式各样的家具也会释放出不同程度的甲醛，这两大污染对孩子的成长影响最大，自然成了所有用户关心的问题。

　　因此，当三个爸爸空气净化器提出产品可降低空气中的$PM_{2.5}$值、消除家具释放的甲醛时，立刻颠覆了大众对空气净化器的认识，原来空气净化器不仅能净化空气，还可以除污染、去甲醛。后来，这也成了这款空气净化器的独特优势和立足市场的法宝。

从上面案例中不难总结出，产品运营的关键问题是务必要突出产品的独特优势，给用户以超预期体验，如图3-3所示。互联网时代，消费者的需求越来越个性化，一个产品必须能给对方带来独特的利益和感受，才能生存下去。

产品运营
关键问题

突出产品独特优势

给用户超预期体验

图3-3　产品运营关键问题

3.2.3　产品如何让大众认可和接受

很多时候，一个产品面市并不是最难的，最难的是让大众接受和认可。因此，产品运营人员还有一个重要的职责，那就是对宣传方案进行科学合理的构思、策划、推广，让产品以最佳的形象、最快的速度出现在消费者面前。

产品的推广渠道大致可以分为线上推广和线下推广。在实际运营中，既可以单纯走线上推广渠道或线下推广渠道，也可以线上、线下相结合。

（1）线上推广

互联网、移动互联网的快速发展，促使大众更愿意将时间花在电脑、手机上。事实也是如此，越来越多的人的生活、工作、社交开始依赖微信、微博、其他各类APP等。在这种背景下，线上推广也就成为主要的推广方式之一。

案例 ❸

蘑菇街是一个专注于为年轻女性提供衣服、鞋子、箱包、饰品等销售与服务的电子商务类平台，虽然目标受众定位比较小，但实实在在拥有了一大批忠诚用户，几乎成了时尚女性的购物首选。它之所以如此受女性消费者的欢迎，与其全面、多层次的线上推广是分不开的。

蘑菇街的线上推广方式有线上商城APP、微信公众平台、微博等。尤其是微信公众平台、微博，充分利用起了人们的碎片化时间，实现了与用户随时随地的互动，大大强化了线上宣传与推广的效果。

自微信公众平台上线后，蘑菇街第一时间开设了自己的微信公众号，并将此当作产品宣传的主"阵地"，每天向微信公众号用户推送与服装、美妆等有关的文章，内容非常实用，都是关于服装搭配、美妆用法的干货。

微博也是蘑菇街线上推广的重点渠道之一，与微信公众号一样，蘑菇街花大量时间和精力在微博运营上。每天都会发送博文，分享最新产品信息、活动信息。同时，根据微博热点设计各种文案，以吸引用户的关注。

当然，蘑菇街的线上推广渠道还有很多，包括自媒体、搜索引擎优化（SEO）、与其他互联网产品的合作，各种线上推广都为蘑菇街带来可观的流量。

蘑菇街的案例说明，做线上推广的关键就是打通各类平台，覆盖全网络。一个产品必须在多个平台上同时推广，涉猎各种用户，才能吸引大量流量。目前，各类线上推广平台非常多，常见的平台如表3-2所列。

表3-2　运营各线上推广平台的基本要求

名称	示例	基本要求
论坛	贴吧、知道问答、社交性的网络社区	需要有一定的文字功底
博客	带链接的博客文章、博客软文	需要有一定的文字功底
媒体	媒体稿子内在软文、媒体新闻	需要有丰富的媒体资源支持
社交工具	QQ圈、微信群、微博群等	需要投入大量的时间、精力
邮件	各类邮件网站	需要投入大量的时间、精力
SEO	各大搜索工具	需要购买链接
SEM	百度竞价、谷歌排名	需要竞价，费用较高

（2）线下推广

线下推广是与线上推广完全相反的一种推广方式，它更侧重于传统的线下活动，注重与用户的面对面实地交流，是传统营销渠道中不可或缺的一种方式。虽然现在是线上渠道主导营销的时代，但线下渠道依然有着不可小觑的威力。因此，运营人员在做产品推广时线下渠道不可忽视。

— 案例 ❹

　　58到家是58同城投资打造的互联网生活服务品牌，涵盖图书、建材、五金、音像、家政等多个领域。主要服务模式是线上与客户沟通，接单，安排服务人员，然后再通过线下，提供上门服务，因此，也被誉为互联网产品的新物种。2014—2015年，58到家通过线下运营，覆盖全国30余个城市的线下市场，服务250万个家庭。

　　58到家作为线上线下相结合服务模式的实践者，为了打开市场，初期大量采用地推的方式。据悉，2015年，58到家千人地推团队分散在全国各地，每个人每天都要出去外勤，与大型超市、商场进行合作。

　　为了使地推的效率更高，58到家还与BOP（一款数据分析应用）进行合作，动态监控、分析全国各地的地推数据。BOP会搜集汇总线下所有的数据，每5分钟更新一次，然后进行各个维度、各个层级的细分分析。通过BOP，58到家得以快速、便捷地掌握全国各地实时的地推监控数据，有效地提高了地推人员的工作效率。要知道，地推最主要的就是靠人去推广，如果每个人的工作效率低下，地推效果则将大打折扣。

可见，企业在进行线下活动运营时，地推是一个工作重点，需要选择并制订最适合自己的地推方式。地推的方式主要有5种，具体如表3-3所列。

表3-3　5种常见的地推方式

发传单	发传单是成本最低的一种方式，可以直接把产品信息和宣传信息打印到宣传单上，进行随机传发。但正因为随机性强，效果往往也不会太好，所以，这种方法应避免单一使用，可以配合礼品赠送、微信扫码分享朋友圈等方式进行
礼品赠送	通过设点的方式，在校园、小区、商业街等人流量多的地方进行推广，主要靠赠品的吸引力吸引用户关注
微信扫码分享朋友圈	通过这种方式进行地推是最便捷、最快速的，能在短期内迅速发展大量用户。用户关注后，再进行朋友圈转发。记得在扫码时给用户一些实质性的优惠，用户才不会排斥
实体店面推广	这种点对点的推广方式定位非常精准，效果也很好。但一定要有针对性，比如推广一款餐饮类APP，就需要到餐饮行业的店面去推广
活动宣传	通过举办地面活动，如表演、游戏、抽奖等方式，吸引用户关注和参与。活动方式多种多样，可以根据实际情况选择，关键是活动的策划要合理，对参与者要有足够的吸引力

（3）线上推广和线下推广相结合

在如今这个互联网、移动互联网时代，营销方式发生了巨大改变。一个显著变化就是从以往的单方面线上推广、线下推广的活动方式转变成为线上推广和线下推广相结合。

线下活动可以形成多种效应，在短时间内聚集用户，让用户与产品、用户与用户之间进一步地交流。而线上推广则可以让线下活动得到更多用户的关注，制造舆论，形成大范围的传播。总而言之，线上推广和线下推广相结合，是大势所趋，也是最常规的操作方法。

比如现在一些品牌会利用直播推广方式，同时邀请主播与消费者互动，这种形式就是典型的线上推广和线下推广相结合的做法。

3.2.4　用户对产品的评价、反馈如何

用户使用产品后的评价和反馈是产品运营人员需要十分重视的一项内容。因为用户才是产品的唯一检验者，也是衡量产品质量好坏，能否适应消费者需求、市场需求，最终实现盈利的主要依据。

因此，运营人员必须明确用户对产品使用效果的态度。是好评多，还是差评多，好评有哪些方面，差评集中在哪些方面。要想对这些了如指掌，就需要运营人员重点关注一些数据，并对数据进行分析，以便适时调整自己的工作方向。

这些数据主要包括以下两大类。

（1）用户留存率

判断用户对产品的依赖度或忠诚度，一个很重要的指标就是留存率。任何一个产品用户再多，发展到一定阶段也会开始流失，留存率随着时间的推移会逐步下降，一般在3~5个月后达到稳定。因此，运营人员需要重点关注用户留存率，只有留存率提高了，使用产品的真正用户才会越来越多。

如果对留存率进行细分的话，又可以分为次日留存率、周留存率和月留存率，具体内容如图3-4所示。

次日留存率

适用于新品，如果对一个新品用户的流失原因进行分析，看次日留存率比较有参考价值。这个数值达到40%是最佳状态

周留存率

用户在使用产品后，通常会经历一个完整的使用与体验周期，这个阶段留下来的用户就有可能成为忠诚度较高的用户

月留存率

多适用于互联网产品，因为这类产品迭代周期通常是3~4周一个版本，所以月留存率能够反映出某个版本的用户留存情况

图3-4　用户留存率分类及其含义

在排除用户的个别差异性影响因素后，比较次日、周、月留存率，可以更准确地判断产品存在的问题，然后进行优化，企业未来的运营计划也可以据此做出调整。

那么，如何计算用户留存率呢，可以通过表3-4所列来详细说明。

表3-4 留存率举例计算表（周留存率）

时间	第一天	第二天	第三天	第四天	第五天	第六天	第七天
访问量/人	100	110	128	130	140	158	180
留存量/人	100	95	90	86	71	60	50

计算用户留存率，必须明确用户访问量和留存量，从表3-4中可以看到，访问量在递增，留存量却在递减。留存率计算方法为：

$$留存率 = \frac{留存量}{基础数据} \times 100\%$$

需要注意的是，基础数据是第一天的访问总人数，如计算第二天的留存率是以第一天的留存量作为基础数据，即100人中有95人又使用了该应用。这时，第三天的留存率仍要以第一天的留存量100作为基础数据，即100人中有90人再次使用了该应用，以此类推。

（2）活跃用户率

通过活跃用户率可以了解用户的整体活跃度。不论哪款产品，每天都有新增用户，也有流失用户。如果单独看每日的活跃用户数则是非常不科学的，所以，通常结合活跃用户率和整个产品的生命周期来进行判断。

随着生命周期的增长，活跃用户率总是在逐步下降的，所以经过一个长生命周期，如3个月或半年的沉淀，活跃用户率还能保持在5%～10%，就代表这款产品有着很强的生命力，企业对此制订的运营计划是正确的。

活跃用户率的计算，可以采用以下公式：

$$活跃用户率 = \frac{活跃用户数}{总用户数} \times 100\%$$

计算活跃用户率，最关键的是搞清楚什么是活跃用户。对于活跃用户的定义，100个运营人员心中会有100种答案，因为产品不同，衡量标准不同，活跃用户的定义维度也不同。

例如，网易云阅读（阅读类的APP），用户只要看了某本书的目录、作者简介，下载了该APP并阅读了，都算是活跃用户；用户做了一些设置，如换头像，或者是完善个人信息，这些也都可以算是活跃用户。再比如映客（直播类的

APP），用户只要打开网站看了某段视频，或者是搜索了某些关键词，给某个视频评论、点赞了，都算是活跃用户。所以回归到产品战略上，我们可以总结出一个核心点，用户发生的行为必须是有效的，只要这些行为是有效的，那么发生这个行为的用户就是活跃用户；反之，则不是活跃用户。

3.3　运营与策划：如何做出引爆市场的产品

3.3.1　寻找市场空白

随着竞争的白热化，大多数互联网企业都面临着同一个问题，那就是产品缺乏创新，同类产品太多。同类产品多就意味着竞争必然会激烈，企业要想短期内脱颖而出更是难上加难。解决这个问题的关键就在于产品运营人员要找到市场空白点，并迅速做出自己的优势产品。

很多产品都是在抓住空白市场的基础上出现的，这就需要企业充分了解竞争对手的情况，在对方未进入或已经进入，但无法满足细分市场需求时，乘"虚"而入，找到自己的立足点。拼多多就是一个典型的例子，依靠"拼"和"低价"开创了团购的新时代。

--- 案例 ❺

综观互联网产品这块"大蛋糕"，团购类APP是争夺最激烈的，市场已经饱和，而且长期被几个超大平台垄断，中小平台、新平台很难分一杯羹。在这种市场局面下，拼多多冲破众多障碍，取得了突破性发展，该平台着眼于"拼"，成功抓住了团购市场的空白点。

以前有拼车、拼吃、拼旅游，现在也可以"拼"购物，真正开创了团购的"新"时代。拼多多的运营是非常成功的，通过"拼"为用户提供性价比高的产品，可谓将低价策略运用得炉火纯青。同时，消费者在"拼"的过程中，无形中也形成了一次次口碑传播。

这种运营模式解决了一个很重要的问题——培养用户习惯。综观那些成功的电商平台，无论是京东还是苏宁，在前期打拼市场的时候，最难的无疑是培养用户的消费习惯，为培养用户的消费习惯，不惜花重金，实际上就是靠补贴培养用户。结果反而形成了恶性循环。用户发现有补贴就买，没有就不买，很难真正留住用户。好在京东、苏宁有这样的实力不断"砸钱"，换作普通电商平台很难经营下去。

拼多多很好地跳出了"砸钱"的怪圈，依靠精准市场定位打开了另一扇门，即在传统团购模式上进行创新，将"组团"与"社交""分享"等元素完美结合。

上述案例充分说明，要想做出引爆市场的产品，一方面必须找准市场空白点。虽然现在各个市场都基本饱和，竞争激烈，但总会留有空白，只要找出目标市场，并有针对性地提供用户需要的产品或服务，就能赢得用户，在市场上占有一席之地。

另一方面，要不断对产品进行创新，找出个性化、有特色的东西，让产品更能创造新需求。在无法与现有寡头产品竞争的前提下，打造一款有特色的产品，从小众市场入手，这往往是许多新产品成功的第一步。

3.3.2 确定行业市场

确定行业市场是寻找市场空白点的唯一前提，因为市场空白点往往就潜伏于某个庞大的市场之中。如果连一个明确的行业市场都没有，寻找市场空白点就是无稽之谈。反观那些摸爬滚打多年的大品牌、大产品，之所以能找到市场空白点，就是因为深耕自己熟悉的行业，做透、做细、做到极致。

美图秀秀就是这么一款极致产品，先致力于美图，后又专注于海报制作。

案例 ⑥

美图秀秀是最受用户青睐的一款图片类APP，自2008年推出以来，发展迅速，很多用户手机中都下载有这款软件。那么，美图秀秀是如何做到这点的呢？原因在于它做熟不做生，专注于自己擅长的领域，并围绕该领域不断推出符合市场需求的产品。

随着各类美图类APP的兴起，用户要求越来越高，他们希望自己的照片不仅有美颜特效、可以简单拼接，还要更具有个性。为此，美图秀秀在原有功能的基础上推出一个新功能——海报工厂，美图秀秀APP截图如图3-5所示。

海报工厂含有多种风格的海报模板，能让用户的普通照片变身为拥有多种元素的海报。例如，电影风格的海报：海报工厂专门设计了逼真的电影元素海报，让图片有电影视觉效果。美食风格的菜单海报：很多人都喜欢美食，也喜欢晒美食，海报工厂则准备了丰富的美食拼图模板，经过简单处理，普通照片立刻变成舌尖上的大片。旅游日志风格的海报：旅途中很多人喜欢记录看见的人、物、美景，海报工厂也提供了旅游日志风格的海报，供用户用照片来记录旅途中的点点滴滴。

图3-5　美图秀秀APP截图

总之，海报工厂凭着多样化的、个性化的体验，备受用户青睐。用户使用后的体验感也非常好，还会推荐给身边的朋友，形成了口碑的一次次传播。

美图秀秀将海报作为自己服务的细分市场，并努力让产品功能更丰富、更特色化，满足了用户想通过图片得到更多、更好体验的深层次需求。这就是做一款产品前，为什么要明确目标市场的原因，因为只有在自己熟悉的领域才能进行深度挖掘。

因此，确定行业市场就成了运营人员做好运营工作的一个前提，而做好这项前期性工作的具体方法就是进行充分的市场调研。俗话说，没有调查就没有发言权，市场调研对市场的确立极其重要。

所谓市场调研，就是根据已确定的目标，运用科学的方法，对预设市场进行调查研究的过程。它可以很好地为产品正式入市奠定基础。

市场调研需要按科学、规范的流程进行，这将直接决定着会有什么样的调研结果。一个完整的市场调研流程大致包括6个步骤，分别为确定调研目标、制订调研方案、组织实地调研、对调研资料进行整理分析、形成调研计划并撰写调研报告，具体流程如图3-6所示。

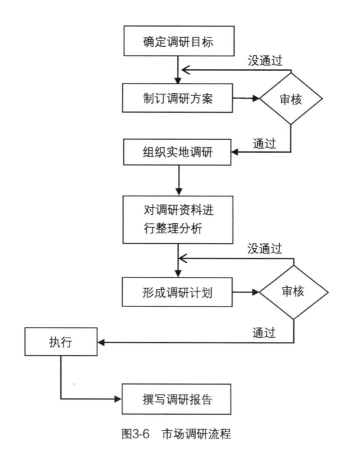

图3-6　市场调研流程

（1）确定调研目标

明确的目标是做好市场调研工作的前提，因为只有有了目标，才有方向，才能保证市场调研活动沿着制订的方案和策略坚定不移地执行。因此，在做市场调研前，需要先明确调研的目标、调研方向，以及对市场进行科学的预判和战略规划。

（2）制订调研方案

在制订调研方案时，首先应该组织领导及进行人员配备，之后进行调研人员的招聘及培训，将调研项目整个过程安排一个时间表，确定好经费预算、人员分工及其工作进度等。

一个完善的市场调研方案通常包括调研要求，调研对象，调研表，调研范围，样本抽取，资料的收集、整理方法。尤其是调研对象，是调研工作的主体，一定要详细列出来。市场调研的对象如图3-7所示。

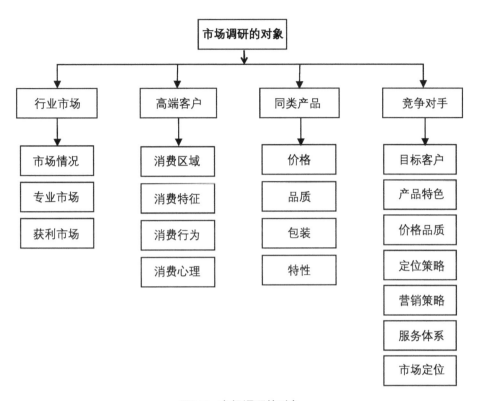

图3-7　市场调研的对象

（3）组织实地调研

组织实地调研，做好实地调研的组织领导工作，以及做好实地调研的协调、控制工作。

（4）对调研资料进行整理分析

对调研资料进行整理和分析，整理好后，由调研人员对调研表进行逐份检查，以便于对数据进行统计、总结，为调研报告的撰写打好基础。

（5）形成调研计划

调研计划是让调研活动具有可操作性，能够直接应用于实际的计划，当决定做一项调研活动，并对相关资料进行分析后，就必须形成计划，以促使活动健康有序地进行。

（6）撰写调研报告

调研报告不同于调研计划，报告往往是对计划的总结，实事求是地反映和分析客观事实。撰写调研报告是调研活动的最后一项工作。

需要注意的是在撰写调研报告时需要严格按照规范写，一个完整的报告包括前言、主题和结尾3部分。

3.3.3　挖掘细分市场

市场细分是寻找空白市场最有效的方式，市场越细分，需求越集中，这也是为什么近两年私人订制产品频频出现的原因。

案例 ❼

曾有一则"只为豪车服务"的帖子在各大论坛、网站引发了轩然大波，原来这是武汉汉口一家洗车店的广告。对此，网友纷纷留言，表达自己的愤慨之情，抨击该店这一"带有歧视性"的规定。尽管该店负责人出面解释，他们并不是歧视，主要是考虑到不同人群的经济承受能力，并列举了该店采用的进口环保洗涤液、双人全手工洗50分钟的服务等，但仍得不到大多数人的认同。

无独有偶，房地产界则兴起了"只为富人盖房"的事件。2014年8月，××开发了一个只针对高端阶层人士的项目，并仅仅通过微信平台在小范围内推广宣传。凡是到访过××的人，无不被其会所、园林、商业街等现场展示所震撼，目之所及皆美好，更从视觉感官上提升了体验的愉悦感。有意购买的人通过××内部微信公众平台即可360°全方位虚拟看房，立体勘查房间的每一个角落。拇指一动就为有意向购房者打开入口，进行自助化服务。

对此，××也受到了各种抨击，不但网友不领情，有些主流媒体也对其进行了尖锐的报道，批判这种做法只不过是一种商业炒作的噱头罢了，是对消费者的不尊重等。

对于上述现象，站在普通人角度看也许并不能完全赞同，但站在产品运营人员的角度来看则是十分合理的。"只为豪车服务""只为富人盖房"，体现的是细分市场的需求，是一种小众化、个性化的需求。现在，任何一个产品市场都处

于饱和状态，唯有不断地细分才有生存的机会。同时，需求也正在从昔日大众化向小众化转变，在这种情形之下，产品或服务也要能满足这部分需求。

那么，什么是市场细分呢？市场细分到底能给企业带来什么好处呢？具体如图3-8所示。

◎什么是市场细分

> 市场细分是企业根据消费者需求的不同，把整个市场划分成不同的消费者群的过程。其客观基础是消费者需求的异质性。进行市场细分的主要依据是异质市场中需求一致的消费者群，实质就是在异质市场中求同质。
>
> 市场细分的目标是为了聚合，即在需求不同的市场中把需求相同的消费者聚合到一起。这一概念的提出，对于企业的发展具有重要的促进作用。

◎市场细分对企业的好处

> 有利于分析发掘新的市场机会，制订最佳销售战略；有利于小企业开发市场；有利于企业调整销售策略；有利于企业根据细分市场的特点，集中使用企业资源，避免分散力量，发挥自己的优势，取得最佳的经济效益。

图3-8　市场细分的概念和好处

做市场细分需要根据产品所处的市场情况，进行细致的划分。可以先分成若干个要素，然后再将各个要素进行组合，最终找出适合市场需求的产品链条。

为便于更形象地理解这个问题，我们以传统行业——服装行业为例来进一步分析。按照风格、档次的不同，从服装中提取出复古、时尚、中庸、高档、中档、低档6个要素，这些要素自由组合可组合为9个不同的产品链条。比如，高档—时尚风格、中档—复古风格等，具体如表3-5所列。

表3-5　服装不同要素的自由组合表（一）

档次	复古	时尚	中庸
高档			
中档			
低档			

当然，这些组合有的不一定存在，这时就需要对每个组合都做分析、鉴别，剔除那些不符合实际需求的组合，如低档与时尚组合往往是不可取的，因为时尚

的服装定位都在中高档，做成低档的则是对创意的一种浪费。

当然，还可以进一步细分，比如，根据性别、年龄、服装类型进行自由组合，具体如表3-6所列。

表3-6　服装不同要素的自由组合表（二）

年龄段（性别）	西装	运动装	休闲装	配套产品
青年（男）				
青年（女）				
中年（男）				
中年（女）				
老年（男）				
老年（女）				

表3-6是按照消费者年龄段（性别）、服装类型进行的二次划分，划分出24个细分组合。按照表3-5中的细分类型确定某个细分市场后，再按表3-6二次细分类型，最终确定所选的目标受众。例如男装品牌金利来就是采用这种方法确定细分市场的，通过两次细分，最终确定为：时尚—高档—青年男士—西装及配套产品。

可见，对目标市场进行细分是消费者、市场的综合要求。如今很多市场已经饱和，没有谁能在整个市场上游刃有余，唯一可做的就是在细分条件下进行更进一步的细分。市场细分作为一个比较、分类、选择的过程，应该按照一定的流程来进行，通常有以下7个步骤，如图3-9所示。

经过以上7个步骤企业便完成了市场的细分工作，从而根据自身实际情况确定目标市场，制订相应的市场策略。传统行业如此，互联网行业也是如此。企业若想确定更细分的市场，可以先根据自身的产品、市场情况进行划分-重组，经过这么一个过程企业便可以基本确定目标市场。

3.3.4　提炼独特卖点

一个产品要想在众多竞品中脱颖而出，必须做到"我有人无，人有我优"。这是产品的优势，也是产品的卖点。卖点是一个产品所具有的独特价值，是吸引消费者认可，促使消费者购买的最重要的因素。

这就要求运营人员在产品定位、对外宣传上，善于寻找、挖掘产品卖点，并将其展示给消费者。提炼卖点，已成为产品运营人员一个非常重要的工作内容。那么，该如何来提炼呢？可从以下3点做起。

1 选择市场范围
根据自身的经营条件和经营能力确定进入市场的范围，如进入什么行业，生产什么产品，提供什么服务。

2 列出市场范围内潜在客户的需求
根据细分标准，比较全面地列出潜在消费者的基本需求，作为以后深入研究的基本资料和依据。

3 分析这些不同需求，对市场进行初步划分
所列出的各种需求通过抽样调查进一步搜集有关市场信息与消费者背景资料，然后初步划分出一些差异最大的细分市场，至少从中选出三个细分市场。

4 筛选
根据有效市场细分的条件，对所有细分市场进行分析研究，剔除不合要求、无用的细分市场。

5 为细分市场定名
为便于操作，可结合各细分市场上消费者的特点，用形象化、直观化的方法为细分市场命名，如某旅游市场分为商务型、舒适型、好奇型、冒险型、享受型、经常外出型等。

6 复核
进一步对细分后选择的子市场进行调查研究，充分认识各细分市场的特点，本企业所开发的细分市场的规模、潜在需求，还需要对哪些特点进一步分析研究等。

7 决定细分市场规模，选定目标市场
在各子市场中选择与本企业经营优势和特色相一致的市场作为目标市场，经过这一步，就已达到市场细分的目的。

图3-9 细分市场挖掘步骤

（1）确定产品的优势

将产品所有特点、特性罗列出来，并按照从大到小、从重要到次要的顺序进行排序，找出产品最大、独一无二的，与竞品差异化的优势。只要找到这点，就可以抓住产品的最大卖点，从而大大激发消费者的购买欲望。

（2）找到产品的核心理念和价值观

产品的核心理念和价值观不同于优势，优势可能有多个，但核心理念和价值观可能只有一个，而且大多是无形的。比如，服务、企业文化、经营理念等是无形的。产品的核心理念和价值观是打动消费者、促使消费者购买的最内在的动力。

例如百度系产品，每种产品始终与产品的核心理念紧密结合，体现文化、价值、理念等优势，同时结合体现蕴量大、技术强等优势，目的就是引导消费。图3-10所示为部分百度系产品，我们来看其是如何体现各自的独特性的。

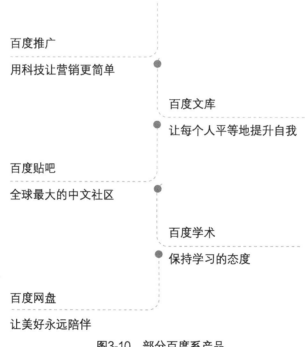

图3-10　部分百度系产品

在这个过程中需要注意的是，运营人员必须搞清楚两个问题：一是该卖点必须体现产品最核心的理念；二是善于与产品优势相结合。

很多时候，无形的文化、理念与有形的、看得见的产品优势相互结合，可大大增强产品竞争力。例如设计某广告，少不了对产品优势的渲染和凸显，这时如果善于结合产品核心理念、价值观，不但能使消费者充分认识产品的好处，还可以向其传达产品背后所承载的文化、价值观、社会责任等。换句话说就是，一定要善于用"理念"影响消费者的心智。

（3）结合消费者的需求

结合消费者的需求这一点尤为重要。试想一下，一个产品的优势、核心理念和价值观尽管在消费者面前体现得很充分，但却与其实际需求有所偏颇，那他会选择购买这个产品吗？答案是否定的。这说明，产品的卖点一旦脱离实际需求，那么所谓的卖点也不能称为优势了。

同一个产品，面对不同需求的消费者，其优势也是会发生转变的。事实上，产品的优势与消费者的需求是一一对应的关系，具体如图3-11所示。

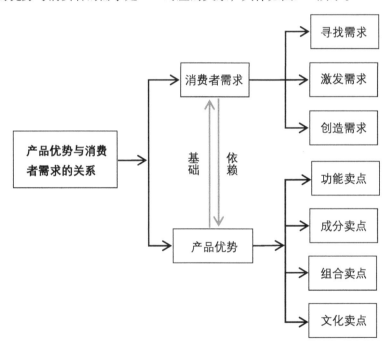

图3-11　产品优势与消费者需求的关系

综上所述，提炼产品卖点时，挖掘其优势并不是盲目的，只有挖掘那些符合消费者需求的优势，符合消费者利益的优势才是最合适的，其优势带来的作用才能发挥到最大。

3.3.5　寻找差异化

随着市场自由化程度的逐步提高，竞争日益激烈，不少产品都面临着同质化的危机。很多产品都是批量生产、流水化作业，傍名牌，跟风模仿，甚至推广宣传的手段都如出一辙。这种现象加剧了同行业间的恶性竞争，造成优质产品滞销，也影响了消费者的利益。

利用差异化策略，既可以避免同质化，又可以避免与同类品牌形成直接竞争。在传统产品中，差异化策略运用得比较多，既可体现在同一类品牌中，也可体现在不同类品牌中。

案例 8

关于同品牌差异化，宝洁公司运用得最成功，其正是靠着不断地细分市场，满足客户的特定需求，巩固了品牌在客户心目中的地位。

例如，宝洁公司旗下的牌子就多达十多个，如"碧浪""汰渍""熊猫"等，以迎合不同购买力的消费者。"碧浪"价格较高，"汰渍"价格适中，"熊猫"则以"物美价廉"著称。

同样，其洗发水品牌也喜欢走细分市场的路线。例如，品位的代表"沙宣"，时尚的代表"海飞丝"，优雅的代表"潘婷"，新一代的代表"飘柔"。

此外，还有8个品牌的香皂，4个品牌的洗涤液，4个品牌的牙膏，3个品牌的清洁剂，3个品牌的卫生纸等。

从上述例子中可以看出，宝洁在产品定位上充分体现出差异化，类似的品牌还有很多。因此，作为互联网产品运营人员，尤其要注意这点，要学会充分利用产品自身的优势，特别是系列化的产品，要善于找出它们之间的差异。

案例 9

小米公司为什么能赢得众多"米粉"的尊敬和爱戴呢？很重要的原因就是有一套"全员皆客服"的机制，即人人是客服、人人可参与客服，每个部门、每个人都有义务为用户提供服务。例如，有用户在微博上反馈小米路由器信号弱的问题，最后解决这个问题的可能不是服务人员、技术人员，而是产品经理。产品经理主要负责产品前端的工作，怎么还会去管售后问题呢？这在其他企业中似乎难以理解，但在小米则行得通。

"全员皆客服"不仅仅是体现在小米公司内部，还包括外部用户，一个用户可以为另一个用户解决问题，而且相互之间是你情我愿、倾囊相助。这是因为大家都在小米这个平台上，有了一种荣辱与共、惺惺相惜之感，大家都愿意去参与、去奉献。

　　　"全员皆客服"，其实既是一种差异化战略，也是服务的差异化、体验的差异化。通过鼓励用户参与产品设计与改进，激发用户对产品的认同感、忠诚度，这样使得企业与粉丝之间形成更好的互动关系。

　　体验作为产品的一种附加值，已经越来越被受到重视。很多产品尽管竞品在功能上毫无差异，但由于具有了体验更高的服务，轻松赢得了更多消费者的信赖。

　　可见，差异化策略已经成为产品竞争的主要策略。那么，具体该如何去做呢？这就要求运营人员努力聚焦，把产品某一个方面做到极致，做到竞品望尘莫及的程度。

第4章

内容运营：
做好内容就成功了一半

　　内容，在互联网产品运营中有着重要地位和作用，越来越多的产品开始大量使用优质内容吸引用户，留住用户。事实证明，内容已经成为产品运营的核心，通过对内容的运营可以向用户传递产品多种信息，使用户对产品形成特定的认知和专属印象。

4.1　什么是内容运营

在了解一个人时，我们通常会先看这个人的外表，对其有个大致印象后，再通过他的性格、脾气、为人处世等来进一步判断其内在。如果把产品比作一个人，也可分为外表和内在两部分，内容运营不仅可以让消费者认识其外表，也可以了解其内在。

内容，简单地说就是指文字、图片、音频等，而这些也是产品广告的主要载体。只有通过这些载体，消费者才会对产品外表、内在有清晰的了解。随着移动互联网的发展，新媒体的大规模应用，内容对互联网产品的作用越来越大。

现在很多企业总是喜欢将产品植入微信公众号、知乎、抖音以及各大直播平台等，原因就在于这些媒体和平台都有高质量的内容，可最大限度地吸引消费者，带动引流。在内容的带动下，读者会潜移默化地了解产品，对产品产生需求。

据此，我们给内容运营下一个定义。所谓内容运营，就是围绕产品，通过创造、编辑、整合相关文字、图片、音频等，从而达到扩大宣传、提升价值、强化用户忠诚度目的的运营方式。

4.2　内容运营的两大类型

高质量的内容是做好互联网产品宣传、推广的基础，也是让用户留下来的根本原因。内容运营大体上可以分为两类：一种是网站运营，如网络社区、门户网站；另一种是新媒体运营，如微信、微博等。

4.2.1　网络社区、门户网站类内容运营

网络社区、门户网站类互联网产品的内容运营，属于传统的运营范畴，伴随着互联网的兴起而产生。因此，在业内算是比较成熟的一种运营，如豆瓣、知乎、网易、新浪等都采用的是这种方式。

这类运营最大的特点是工作量大，且系统性比较强，内容追求大而全，很多时候以系列、选题的形式出现（这点与新媒体的内容特点恰恰相反，新媒体内容偏向碎片化，信息追求小而精）。因此，对运营人员的策划、编辑能力要求较高。

案例 ❶

网易是中国最早的门户网站之一，它给用户提供极具网易特色的新闻阅读、跟帖盖楼、图片浏览、话题投票、要闻推送等内容。在众多门户网站中，网易可以说是将传统内容运营模式做得最出色的产品之一，特别是在内容方面，更是受到用户的广泛好评。

网易新闻除了娱乐、财经、股票这样的细分频道，还提供了排行、图片、国内、国际、数读、军事、航空、政务等更加细分、更有特色的新闻频道分类，且为每个子频道提供大量有针对性的新闻。为了保证网易"各有态度"的品牌调性，网易会对每篇文章进行仔细的筛选，除了保证内容的真实性，同时还要看其内容观点是否犀利独到。

保证新闻内容的独到观点是网易打造"各有态度"内容的重要核心之一。网易专门开设了一个"新闻有态度"的频道，该频道里收录的都是文章作者关于热点事件的评论，每篇评论新闻都经过运营人员的仔细筛选，保证高质量、强专业性，以吸引高端用户阅读。

网易上每篇文章都是经过网易运营人员精挑细选出来的，尽管需要付出大量的时间和极大的精力，但确实为用户提供了高质量的内容，大大吸引了用户关注，增强了用户黏性。

网络社区、门户网站作为传统的内容运营，目前仍是互联网产品内容运营工作的主要组成部分，是运营人员不可或缺的工作之一。为了更好地做好这部分工作，运营人员需要先了解其优势和劣势，以便在实际工作中扬长避短，提升效率。

（1）优势

网络社区、门户网站类运营的优势主要体现在两个方面：一是体系性强，二是及时性强。

1）体系性强。网络社区、门户网站上的内容，最大特点就是连续性、相关性较强，内容通常以版块的形式来做，如财经版块、体育版块、文娱版块等。每个版块的内容自成体系，但相互之间又保持某种内在联系，如图4-1所示。

体育　NBA　体育视频	汽车　购车　高清实拍
直播 彩票 高清图 中超 英超 西甲 欧冠 中国篮球 综合 排行	购车指南 新车 导购 车型 试车 新闻 技术解析 车致 购车二选一

- 火箭内部竟担心詹姆斯夏天加盟
- 曝东部鱼腩队加入詹姆斯争夺战
- 骑士凉了?曝卡珊珊原谅出轨男友
- 名记建议绿衫军用欧文换卡哇伊

- 大众高尔夫GTI TRC公路版预告图
- 全新一代长安CS35谍照曝光
- 汽车空调温度高更省油? 真的吗?
- 全新奥迪S8最新谍照 或年内亮相

图4-1　门户网站上内容的版块设计

因此，运营网络社区、门户网站上的内容，做好体系很关键。这对提升用户阅读体验起到了极大的作用，而且对于产品品牌的打造都会产生巨大的正面影响。运营人员需要深入参与内容运营的工作，认真调研，精心策划，保证内容（选题）视角、标题、文案等各方面的质量，并能够从整体上保证内容品质与品牌调性的一致性。

2）及时性强。网络社区、门户网站的内容还带有新闻的性质，因此，又十分强调及时性。长期以来，各大门户网站对内容的及时性都有较高的要求，运营人员必须时时紧盯，才能保证内容的及时性；否则，网站运转得再好，也很难获得用户的支持。

（2）劣势

金无足赤，人无完人。很多事情有优势，自然就有劣势。网络社区、门户网站上的内容运营模式的劣势主要体现在以下3个方面。

1）无法体现用户的需求。网络社区、门户网站的内容与用户的互动性较差，虽然也有一定的信息反馈，但对内容质量、用户需求的改善非常有限。实际上，传统的内容运营与用户是完全割裂的，缺乏一个比较完善的、畅通的反馈机制。运营人员在输出内容时，从构思、策划到产出都是以单向为主，用户不会主动参与。

传统的内容运营无法真正体现用户需求，因为它根本不是从用户的角度出发的，尽管内容质量很高，但效果却不尽如人意。

2）内容很难实现差异化。打造一个成功的门户网站很难，而打造一个公众号却很容易。为什么？原因之一就是内容差异化，门户网站上的内容总是大同小异，差异化不够明显。因为不追求热点就难以吸引用户，涨粉速度慢。而公众号作为自媒体，则可以巧妙避开这点，内容很容易实现差异化，内容同质化的现象很少，这也使得用户的注意力被分散了。

3）覆盖用户量有限。网络社区、门户网站的内容即使是面向所有用户，但由于受到内容产出量和展现渠道的制约，再加上日益细分的用户需求，长尾需求无法得到满足。要知道，内容的展现渠道是由产品形态决定的，网络社区、门户网站这类产品形态，决定了其内容更新慢、数量少，而细分用户需求则非常大。覆盖量和需求量的矛盾，是传统内容运营无法解决的问题。

4.2.2　新媒体内容运营

新媒体内容运营是内容运营的延伸，是对传统内容运营的创新。然而，关于新媒体内容运营，目前也存在很多问题。例如，很多运营人员面临的掉粉窘境。掉粉，对于新媒体运营人员来讲可谓是一场灾难，如粉丝大量流失、微信公众号长期无人关注，微店中的商品卖不出去……

为此，越来越多的人开始对新媒体内容运营失去了耐心，甚至怀疑所谓的新媒体内容运营可能本来就是一场骗局。有这种想法的人就大错特错了。诚然，随着新媒体的普及，内容运营的变化，新媒体内容运营遇到了一定的发展瓶颈，但总体趋势仍是良好的。首先，要看到新媒体内容运营的大趋势是好的；其次，要认识到新媒体运营的本质，那就是内容运营。以微信为例，先看微信的发展趋势，然后再看微信是如何坚持以内容运营为本的。

案例 ❷

中国信息经济学会曾经发布了一份《微信社会经济影响力研究报告》（以下简称《报告》）。《报告》第四次全面对微信在社会经济方面的价值进行了定性和定量分析。

研究显示，2015年微信直接带动信息消费1381亿元，使得就业机会得到极大的推展。带动社会就业达1747万人。这两项数据与首次披露（2014年12月26日）相比，分别增长了约45%和73%（截至2014年，微信对信息消费的拉动达952亿元，对社会就业的拉动达1007万人），而到了2017年这两项数据分别增长到2097亿元和2030万人。图4-2所示分别为2014—2018年微信对信息消费和社会就业拉动的报告。

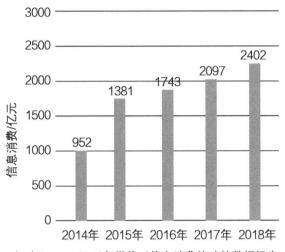

（a）2014—2018年微信对信息消费拉动的数据报告

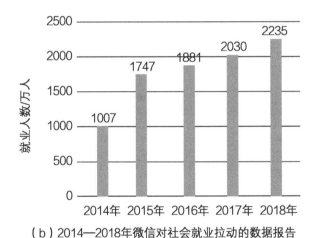

（b）2014—2018年微信对社会就业拉动的数据报告

图4-2　2014—2018年微信对信息消费和社会就业拉动的数据报告

　　微信十分注重内容，尤其是公众平台及其衍生服务，目的都是致力于做好"连接一切"，连接人，人的生活、工作、学习、教育及整个社会等，打造"互联网+生态系统"，微信构建的"互联网+生态系统"包括三个层次，具体如图4-3所示。短短的几年间，微信便走过了原生阶段、开放阶段，目前进入生态阶段。尽管经过了几年的发展，但微信仍处于发展阶段，其对经济社会的变革性影响还处于潜在状态。

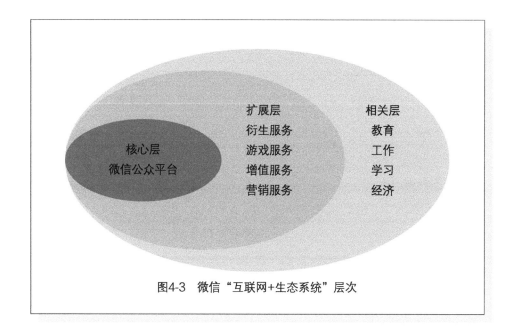

图4-3　微信"互联网+生态系统"层次

可见，微信作为我国用户规模最大和活跃程度最高的移动互联网应用，以高度黏合的内容，聚集效应和持续涌现的创新效应，成为推动经济社会变革和潜在增长的新动力来源。

窥一斑而知全豹，通过分析微信这个互联网产品的生存与发展现状，就可以看出整个新媒体运营的局面。那么，是什么原因导致新媒体运营不再灵光了呢？经总结源于一个关键：即无效运营，尤其是运营人员对内容的放纵。因此，做好新媒体运营，最关键的就是做好一点，即做好内容运营。

内容是构建产品最基本的元素，也是产品承载服务的最基本形式。对一款产品而言，内容运营的地位不言而喻。但是，如果你没有从零开始做内容运营这份工作，即便你经历过一款产品的内容从无到有的各个环节，仍旧很难把握内容运营的精髓。

新媒体运营归根结底就是内容运营，只有高质量的、有创意的内容，才能为粉丝带来利益，培养粉丝的忠诚度，长期黏住粉丝不流失。具体来说，就是要善于将营销和娱乐进行深度融合，以极富创意和观赏性较强的内容来打动用户，从而引发用户发自内心的一种认同，而非强行推送广告。

这就要求新媒体运营人员具备一定的内容生产和运营能力，同时，还要充分调动粉丝参与的积极性，并引导他们参与进来，以扩大内容的"生产线"。

4.3 内容的两大来源

内容的来源、编辑、整合以及呈现方式，对内容运营的效果会产生巨大影响。那么，高质量的内容从哪里来呢？主要有两个渠道，一个是内容重组、编辑和整合；另一个是内容生产，也叫原创。

4.3.1 内容重组、编辑和整合

内容重组、编辑和整合是内容来源的主要渠道。按照难易程度可以分为3类，并且由不同的运营人员负责完成。

第一类最简单，仅限于做些复制、粘贴等简单的运营工作，这类内容多适用于网络社区、门户类网站，通常由CV工程师完成；第二类是能够根据用户需求挖掘、提炼相对应的内容，并对内容进行深度加工，这类内容多适用于新媒体，我们通常所说的内容运营人员就是此类，为运营的主体；第三类是根据素材，提炼出独特观点，并能赋予独特创意的内容，这类内容通常由高级策划担任，要求其不但文笔好，更重要的是拥有足够的创意能力，这类人员可以说为数不多，大多为一些职业自媒体人，如吴晓波频道、一条等。

第一类运营人员目前已经越来越少，基本被机器取代。第二类运营人员，是基于自媒体发展而产生的新型运营人员，需求量最大。本书所说的内容运营人员多指这类运营人员。

这类运营人员的主要职责就是对内容进行运营和整合，具体包括4个层面的工作，如图4-4所示。

A 内容定位与分析　　　　　　B 内容的二次加工

C 内容的推送　　　　　　　　D 内容推送效果评估

图4-4　内容运营人员的职责

（1）内容定位与分析

内容定位是指根据目标用户需求对内容进行筛选，内容分析是指在内容筛选的基础上再进行优化。例如，一款为女性白领提供境外购物资讯服务的APP，内容运营可以定位为个人护理方向，向其提供相关的产品资讯；一款为中学生提供课程答疑的工具型产品可以包含语文、数学、英语……

不过，在内容定位与甄选上是有原则的，无论是摘抄内容还是用户原创内容，都必须符合以下6个原则，如图4-5所示。

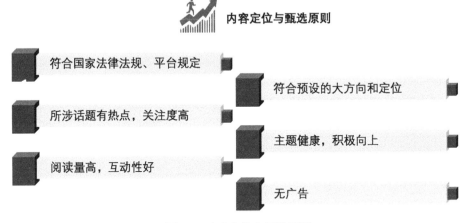

图4-5　内容定位与甄选原则

（2）内容的二次加工

一个优秀的运营人员除了要具备资料搜集和鉴别能力之外，更重要的是还必须具有内容的二次加工能力。内容的二次加工包括将搜集的资料形成自己的观点并进行论证，使其有理有据，折服人心；对文章结构、标题等进行优化，让文章结构安排更合理，主题更明确；为所撰写的内容配图，提升读者的阅读体验。内容的撰写完全是对硬实力的考验，是一个合格的内容运营人员必须具备的能力，没有什么捷径和技巧。

在这里重点说下内容的标题，内容运营如果说有技巧性可循，这也是唯一有技巧可讲的地方。很多人也许还不明白，为什么要在"标题"上花费如此多的功夫？岂不成了"标题党"？其实不然。标题属于内容的一部分，能拟出好的标题不是哗众取宠，而是帮助阅读。尤其是微博、微信等新媒体文章，如果运营人员在微信公众号上写了一篇产品软文，由于公众号文章是折叠式排列，读者首先看到的就是标题，需要点击才能看到正文。如果标题没有足够的吸引力，读者肯定就不会点击，更不会去看正文。

因此，做内容运营，尤其是新媒体内容运营，标题非常关键，直接关系着点击率。我们不提倡做"标题党"，但标题要至少能吸引读者注意力、激发读者好奇心。那么，什么样的标题才能称得上好标题呢？一个好标题至少要有以下6个特点，具体如图4-6所示。

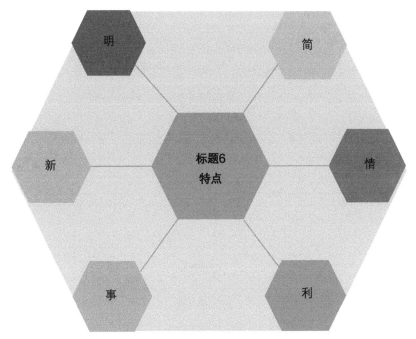

图4-6 内容标题应具备的6个特点

①明，便于用户辨识；②简，文字要简洁，不能啰唆；③情，便于引起用户的共鸣；④利，让用户感到有所收获；⑤事，具有故事性，以"事"感人；⑥新，多挖掘、多创新。

（3）内容的推送

内容不但要高质量地写出来，还要及时、有效地推送出去，只有这样，才能让读者阅读、转发，实现依靠内容带动产品增值和销售的目的。

内容的推送关键是把握好推送时机。到底该在什么时间推送，其实也没有严格的标准，平台不同、阅读群体不同，发布的时间也应该有所调整，而且还要善于根据实际情况的变化而适当变动，如节假日、重大事件发生等，发布时间必须有所调整。

通过对各平台所发布文章的时间进行分析、总结，发现高峰期大多集中在3个时间段，分别为早、中、晚，具体如图4-7所示，仅供参考。

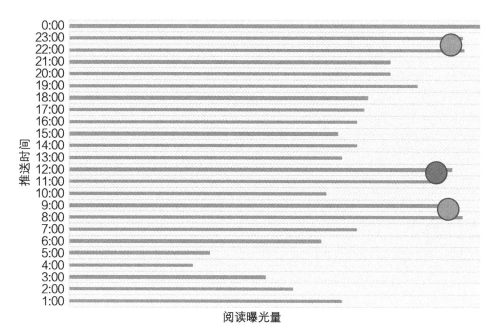

图4-7　新媒体内容推送的3个高峰期

从图4-7中可以看到，一天中大致有4个比较重要的时间段，午夜0:00前后这个时间点是全天曝光量的第一个阅读高峰期，但由于这个时间大部分人都在沉睡，从人性角度来看必须忽略掉，避免打扰用户休息。其他3个时间段分别为上午8:00—9:00，是第二个阅读高峰期；中午11:00—12:00是第三个阅读高峰期；晚上22:00—23:00，是全天曝光量的最高点。由此可以总结出一天中内容的推送点有3个。

（4）内容推送效果评估

内容推送后，用户对该内容会有一系列反馈，这时运营人员需要对这些反馈进行分析。分析的维度包括浏览数量、UV、互动量、点赞量、评论量、热区点击量等，这些数据是衡量内容运营有效性的主要指标。

不过，分析只是手段，提升内容运营效率才是目的，通过数据分析对内容进行更新和结构调整，重新梳理出需要重点投入精力的运营方向，或者说砍掉不必要的运营。例如，做贴吧互动性的内容，通过对发布文章阅读量、点赞数的数据分析，可以看出用户热衷的文章类型。如果，对娱乐类文章阅读量最多，以及对生活技巧类、科学历史类文章点赞量都不低，根据这样的结果，就可以调整内容、更新策略。多增加些娱乐类、生活技巧类、科学历史类等内容的供给；从评论区中看到有用户对尚未涉及的文章有所期待，那么就可以补充新的内容。

4.3.2　内容生产：UGC、PGC、OGC

内容重组、编辑和整合通常适合于初级运营人员，而内容生产适合于中高级运营人员。一个高级运营人员既是内容的生产者，也是内容的享用者，这是互联网时代内容运营人员与以往传统运营人员最大的不同。在传统编辑工作中，这种特性表现得不是很明显，很多时候两者甚至是完全割裂的，呈现出运营人员生产内容、享用者享用内容的单一局面。而在互联网时代，内容运营人员与读者是互逆的。运营人员既是内容生产者也是内容享用者，用户既是内容享用者也是内容生产者。

传统媒体内容运营与新媒体内容运营的区别如图4-8、图4-9所示。

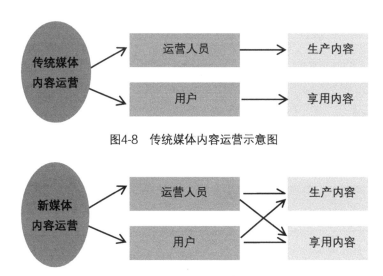

图4-8　传统媒体内容运营示意图

图4-9　新媒体内容运营示意图

在新媒体内容运营中，因运营主体的不同，大致有三种输出方式，即UGC、PGC、OGC。

UGC，是user-generated content的缩写，中文意思为"用户生产内容"，即用户将自己动手做（DIY）的内容通过互联网平台进行展示或者提供给其他用户的一种模式。以论坛、博客为代表的Web2.0，以社交平台、微博为代表的Web3.0都得益于这种模式的发展。知乎的"赞同"和"反对"，从某种意义上讲也是用户贡献出来的内容，也需要引导用户去不断输出内容，但是其本身是与答案联系在一起的。

随着互联网、移动互联网的发展，内容输出的形式又进一步细分为PGC和OGC。PGC，中文叫"专业生产内容"，是professionally-generated content的缩写；OGC，译为"职业生产内容"，是occupationally-generated content的缩写。具体如图4-10所示。

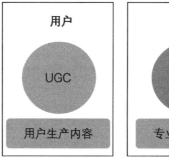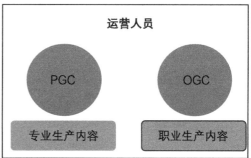

图4-10　新媒体内容输出的3种方式

这三者既有密切联系又有明显的区别。联系表现在，在一个平台中既可实现UGC和PGC的交集，也可实现UGC和OGC的交集。

PGC、OGC代表专业内容生产者，前者代表以专业身份（专家）贡献具有一定水平和质量的内容，如微博平台的意见领袖、科普作者和政务微博；后者代表一部分专业内容生产者，一般为比较专业的（有专业资质、学识）平台运营，也有以提供相应内容为职业（职务）的人员，如媒体平台的记者、编辑，既有新闻的专业背景，也以写稿为职业获取报酬。UGC、PGC、OGC三者之间的关系如图4-11所示。而UGC一般为用户，即该平台的用户。现在多采用的一种内容输出方式就是其中两者的结合。两种输出方式结合后，可以实现买卖双方，即服务者与被服务者更好的互动，正因为此，互动才成为新媒体运营最不可或缺的驱动因素。

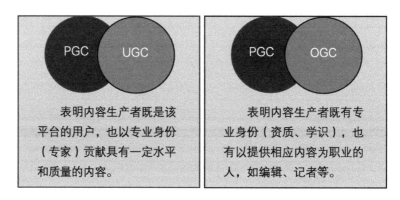

图4-11　UGC、PGC、OGC三者之间的关系

有经验的运营人员总在强调要与用户互动，只有互动才能做到让双方都满意，用户得到了自己想要的回馈，同时运营人员也达到了自己的运营目的。其实，从运营的角度来看，所谓的互动，本质上就是两种内容输出方式。为了更好地理解这个问题，接下来我们看一个案例。

案例 ❸

公交车站旁，一位乘客正在等车，同时不断翻阅各大平台查询最便捷的回家路线。此时一个网站上弹出一条消息："你想知道回家的最短路线吗？"这一信息可谓是该乘客此时最需要的，于是他点击进入界面。用户进入网站后，该公司的后台运营人员就会收到系统提示有用户访问的信息。

接下来后台运营人员就会主动打招呼，如"亲，您正在等候公交车吗？""您一定需要更便捷的回家路线吧？"等。由于这些信息大多是乘客迫切需要的，通常他会积极回复，并提供一些自己的信息。后台运营人员根据掌握的信息，从数据库中搜索最便捷的公交路线图、地图导航等，反馈给用户，为用户规划出一条最佳出行路线。

用户在收到信息后，兴趣被进一步激发，通常会主动询问："你们是什么公司？是做什么的？为什么要给我规划回家路线图？"等。

此时，后台运营人员就可以和用户进一步互动，如"我们是一家×××服务公司，专程为用户提供×××服务"等，与用户进行更深入的互动，以使该用户对公司有全面、深入的了解。用户对于这些信息如果感到有用，甚至会转发、上传微信朋友圈、微博等。这样一来，就会有更多人分享，在一次次转发和分享中，该公司的信息无形中就得到了曝光和扩散，为获取更多的用户奠定基础。

通过案例发现，公司运营人员和用户互动的过程就是共同创造内容的过程。公司运营人员在这里是从营销的角度出发，有意识地制造内容（话题）引导用户关注自己的企业、自己的产品和服务；而用户则是在需求的驱使下，无意识地制造内容（享用公司提供的服务，了解公司的信息等），并充当了内容的制造者和扩散者的角色（分享朋友圈、上传微博等）。

这样就形成了一个良性循环，大大丰富了内容制造的渠道，为内容输出注入了新鲜血液，效果远远高于运营人员单方面地制造内容。

另外，UGC、PGC、OGC三者也是有区别的，PGC、OGC与UGC通常是以有无专业的学识、资质，在内容的领域是否具有一定的专业知识背景和工作资历作为判断标准，前两者有，后者无。区别PGC、OGC相对容易，以是否领取相应报酬作为判断标准，PGC往往是出于"爱好"，义务贡献内容输出；而OGC是以职业为前提，其创作动机很大程度上属于职业行为，具有一定的营利性，具体区别如图4-12所示。

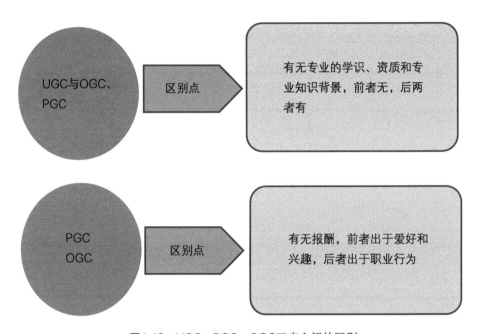

图4-12　UGC、PGC、OGC三者之间的区别

专业的UGC进一步集结成媒体信息将成为主流模式，新媒体作为互联网时代的主流趋势，融合PGC、OGC内容的特色，并深化了其向UGC的发展，既降低了内容运营的成本，又能增加用户对内容的黏性。

从PGC、OGC到UGC，再到三者的融合，可以说是新媒体在内容输出上的一个革新，代表着内容从早期的粗制滥造，到中期的巨资引入，再到新时代的生态产业链一体化精品运营，实现了新媒体内容差异化竞争，帮助内容运营走出内容同质化、版权纠纷等困境。

同时，值得注意的是，UGC和PGC也对新媒体提出了更高的要求，无论是UGC中的内容，还是PGC中的内容，比拼的都是全面的、综合的实力，这就要求新媒体运营人员进一步提高自己、完善自己。既要为企业、商家提供必不可少的引流工具、增强盈利变现的能力，又要有优化用户体验，为用户提供更多服务的能力，更重要的是要与粉丝有高质量的互动，从单纯的媒体向"媒体+社交"方向转变。

4.4　内容运营的3个发展方向

内容运营人员大多是从编辑人员做起，但绝不是只做编辑的工作就够了，而是要能够独立运营一个整体层面的内容。通过一个整体层面内容的运营，来实现总运营目标。那么，如何做好整体层面的内容运营呢？需要重点从3个层面入手。

4.4.1　内容构架搭建和填充

互联网产品的内容，大多呈现在网页、APP或其他应用程序上，用户打开后，第一眼看到的就是内容布局情况。良好的内容布局可以让内容脉络更清晰，主次更分明，最大限度地引导用户阅读，激发用户阅读兴趣，最终培养用户使用产品的习惯。

因此，一个好的内容运营人员首先需要搭建内容构架，以便让用户能从整体上对内容有所了解，并能够高效阅读。

案例 ❹

微信小店，这个基于微信平台而产生的移动端商铺，内容构架十分清晰，各个功能单元分类十分明确，包括添加商品、商品管理、订单管理、货架管理、支付、维权等功能。逐步形成了商家店铺+交易系统+第三方服务商+微信支付+广点通（腾讯公司推出的效果广告系统）+大数据运作一体化模式。

随着微信的普及，微信用户的增加，微信小店的内容构架也不断完善。除了早期已有的基本功能外，还积极与第三方平台合作，引入更完善的功能，如会员管理功能、货运管理功能等，如图4-13、图4-14所示。

图4-13　微信小店的会员管理功能

图4-14　微信小店的货运管理功能

　　这些功能依靠第三方平台来实现，有利于微信致力于人、物、服务全方位、一体化商业生态系统目标的快速实现。

　　当内容构架搭建完成后，就要对其进行填充，使产品更丰富。这些填充工作非常重要，是互联网产品的核心部分，代表着产品的调性、特色、价值观。如果是新产品，这一步工作更需要重视起来，内容填充得如何，不但决定新用户第一次接触产品时能否产生兴趣，享受优质的服务，而且还有助于产品的完善，向更高层次、更大格局发展。

案例❺

　　小红书，初创时期的基本构架只是围绕香港购物而打造，目标是打造香港市场的购物指南。可以说，切入点、目标用户虽然明确，但比较单一。尽管用户能更好地理解小红书是做什么的，但限于内容涉及面窄小，影响力并不大。然而，在完成初步构建后，凭着对内容的填充，重新获得定位。由于总能以新鲜、有趣的内容做填充，现在的小红书已不单单局限于香港购物，而是逐渐向全球范围延伸，成为海外购物不可或缺的购物社区。

不过，在填充内容时有两点需要注意：第一，明确产品的切入点，尽量以单点突破的形式来生产内容；第二，保证内容持续、新鲜，用户肯定是希望看到新鲜的、有价值的东西，要确保能为产品源源不断地制作出内容，并保持固定的更新周期。

4.4.2 对内容进行规划和管理

内容运营是为产品运营服务的，除了做好搜集、整理与生产等最基本的工作外，还要做好内容规划和管理。这就像给产品做升级、做内容的规划和管理，可以节省用户的阅读成本，提高阅读效率。因此，在着手做内容之前，要先想清楚先做什么内容，后做什么内容，重点做什么内容。用户最关心的、可能带来更大流量的、收益高的重要内容先做，不是很重要且不会影响用户体验的内容可以后做。

每个人的精力是有限的，当一个内容呈现出来后，谁也不可能完完整整地从头看到尾。用20%的内容来满足80%的用户需求是最理想的，因此，运营人员非常有必要对内容进行规划和管理。

所谓内容规划与管理，就是对内容的文字、编排、表现形式进行管理，以进一步体现内容的价值，让其充分发挥对产品的宣传、推广作用。内容规划与管理主要包括4个方面，如图4-15所示。

图4-15　内容规划与管理的4个方面

（1）内容审核

对内容进行管理首先要严格把控内容质量，不符合政策或与大方向相悖的内容坚决不能出现，一些负面的内容也要尽量杜绝。平台流量大起来以后，会引来不少既得利益者发广告或者造谣，这时对内容进行审核就显得非常有必要。

内容审核主要就是负责删除这些不和谐的内容。因此，内容审核管理要做的就是产品违规制度的界定，与技术人员一同研究反馈系统，同时不断地丰富黑名单词库里的词汇。

（2）内容推荐

为提升用户阅读体验，现在越来越多的产品开始尝试对内容进行划分和优化，以推荐的形式引导用户阅读。如一款APP，当进入其界面，其实就是进入了一个内容的世界，底部的菜单栏、顶部的目录、买一送一的活动等，处处皆内容，只是表现的形式不一样。如何让这些不同的表现形式呈现出相同的效果，让用户有良好的体验感，认为这是一款好产品呢？这就需要内容推荐了。

内容推荐，简单点说，就是编辑从网站内或者网站外挖掘好内容，然后进行二次编辑加工，在内容推荐位置上进行展示。复杂点说，就是运营需要从产品层面去规划内容推荐体系，推荐什么内容，内容从哪里来，在哪些位置推荐，内容的更新节奏，如何衡量推荐效果，如何持续地优化……即使只是其中的产品消息推送工作，都可以是一个非常系统的运营工程。

（3）内容贡献用户管理

成熟的互联网产品通常会在用户出现明显分层时，设立专门的内容贡献用户管理这一岗位，其主要职责是负责内容贡献用户的招募、服务、活跃、考核、特权开发、礼品发放。据目前所知，在内容贡献用户管理这方面做得比较成熟的是百度百科。

百度百科对用户，尤其是对核心用户有十分科学的管理体系，做的工作也非常到位，加强了企业与用户的紧密联系。

案例 ⑥

在生活中遇到困惑或是别人说的某个词语自己不理解时，人们常常习惯到百度搜索一下，在百度百科中寻找最准确、全面的知识解读。这说明人们已经习惯享受百度百科带来的便捷，在这个奇迹背后，不得不提一个独特的群体——蝌蚪团。

蝌蚪团是百度百科最优质的内容输出用户，是百科科友团体的中坚力量，成员主要由百度百科热心科友所组成，这些人是一批有知识、有能力，背景遍布各行业，甚至有一些堪称行业专家，以分享知识、协作编辑为共同信仰，一边接触行业最前沿的学术理论，一边补充百科词条。

蝌蚪团的主要工作是编辑、评审词条，协助官方完成建设性工作。科友们对词条有较深入的认知和了解，具有较强的词条编辑能力、评审及判断能力。他们除了要贡献优质词条外，还需要作为导师指导高成长性用户编辑精品词条，充当普通科友与官方沟通的桥梁。官方会重点听取他们关于百科发展的建议。

另外，蝌蚪团的职责并不只局限于内容上，还负责招募和管理蝌蚪团成员，为他们设置产品和物质特权。当然，如果有成员违规了，也要给出对这部分成员进行警告和封号的处理建议。

如果把百度百科比作一本由网友协作编辑的百科全书，那么，蝌蚪团无疑就是这本书的内容执行官，既要负责内容的输出，也要对内容进行管理，这才保证了百度百科这么多年来，可以持续稳定地为广大网友提供优质的内容，以获得更专业的知识解读。

（4）内容时效性管理

对于互联网产品而言，很多内容是有时效性的，因为这种内容仅在一定时间段内对决策具有价值。例如在春节前后，各大平台做春节类专题活动，贴吧有春节联欢晚会、《知乎周刊》有《春节返乡一本通》等。

时效性内容可为产品带来有节点的流量高峰，时效性越强，越容易为产品带来流量。但很多内容的时效性是伴随着相应的管理产生的，对其的管理是否有效很大程度上制约着内容的客观效果。

当然，这种管理也不能简单粗暴地搞一刀切，而是要根据产品类型进行有侧重的管理。比如，电商类产品主要是跟踪做促销活动，网络社区类产品就要做好内容策划。

4.4.3　植入"社交性"的内容

互联网、移动互联网时代的产品营销，已经不是单纯的钱货交易，而是带有社交性的交易。产品带有了社交性，那么与之相关的内容就需要植入社交性元素，以便与用户形成互动，至少要有创造互动的可能。

社交性内容一般有两个特点：一个是刺激性，做这方面内容的目的非常明确，就是通过刺激让用户互动，让用户更加活跃；另一个是社交货币性，社交性内容就像一种内容货币在用户之间不断地流转，流转多了用户自然就能记住，把产品的形象植入大脑中。例如微信、支付宝，最擅长运用社交性内容来强化自己的形象。

案例 ❼

支付宝在其十周年庆典期间，曾推出过一个非常有意思的、社交性超强的活动——支付宝十年账单。

该活动一经推出，瞬间刷爆微博、微信朋友圈，支付宝用户纷纷晒出自己的账单，尤其是老用户，无不以自己长长的账单为荣。

支付宝十年账单火爆的主要原因是精准地抓住了社交的本质：鼓励用户晒账单，引导多次转发、点赞、评论，从而形成人与人之间的互动。登录支付宝账单查阅时就可以发现，支付宝以故事的形式告诉用户在支付宝里的成长足迹，如第一笔网购时间、第一次转账时间、第一次缴电费时间、第一次用余额宝时间，甚至第一次用滴滴打车的时间、第一次买彩票的时间等，都一一做了展示。

此外，支付宝还推出了一个新功能，即"我去2024——根据过去十年的数据，预测十年之后的财富值"。不少用户在使用了这个新功能之后，发现自己以后"钱途"光明。最关键的是，这些都可以一键分享至朋友圈、微博、QQ以及其他社交平台。由此，在朋友圈以及各种社交聊天工具中兴起了晒单比拼的风潮，各种晒，各种点赞，各种转发，正是移动互联网时代社交的最佳方式。

之所以说支付宝善于植入社交性内容，还有一个最典型的例证，那就是"集五福"活动：扫一扫"福"字攒五种不同字体的"福"，满一组即可分享一定额度的现金红包；无法积攒够一组的，好友之间还可以交换、分享。

这个活动自2016年春节起一直延续至今，每年春节期间都会发起，这已成为支付宝一种约定俗成的内容。这种方式扩大了支付宝在用户心中的好感，激发了用户使用支付宝的动力。

不仅仅是支付宝，综观层出不穷的互联网产品，都有一个共同的特点，就是直接或者间接地加入了社交性元素。以往传统的内容运营很少有社交性元素，也正因此，运营人员与用户的互动性较差，更无法看到对方的反馈。造成的后果是，即使企业发布了广告或者信息，也常常无法收到预期效果。而植入社交性元素后，企业可以很轻松地打通运营人员与用户之间的沟通障碍，建起一个点面相结合的社交网。

总之，社交性内容的最大优势就是增强了与用户的互动性，拉近了企业与用户之间的距离，促使用户对信息进一步反馈。鉴于此，运营人员在做内容运营时一定要有这种意识，在内容中植入社交性元素。

那么，如何在内容中植入社交性元素呢？概括地讲，可分为两种形式，一种是直接植入，另一种是间接植入，如图4-16所示。

图4-16　在内容中植入社交性元素的两种形式

（1）直接植入

直接植入是指在产品中设置一个完整的社交系统，包括点赞、分享、转发、聊天……现在很多APP类产品都开始这样做，目的是让用户互动起来，增加用户对产品的黏性，提升用户体验。

这种形式一般是借助现有的几大社交平台，在产品中间设置点赞、评论、转发、分享等按钮。如游戏类产品，玩家在获得了好成绩或者发现有趣的事情后，都可以通过分享、转发来让朋友知道或参与。这个过程对于用户来说可以满足其虚荣心，对产品而言则是一种非常好的口碑传播。

（2）间接植入

间接植入是指根据产品做衍生品，最典型的做法是设计社交圈，类似于贴吧。如蓝莓的"蓝莓圈"、手机淘宝的"微淘"等。用户在浏览、购买产品的时候，随时可以在这个类似于贴吧的地方，分享使用心得，互相吐槽，如果这个功能真的能够成熟，用户愿意互动，那么将会产生很大的价值。

微淘是手机淘宝的变形产品，是产品在内容运营上的延伸。它不像手机淘宝里的店铺，只单纯地做商品展示、宣传与销售，而是通过内容来加深用户对店铺或产品的印象，为店铺引流。因此，微淘上大多是与店铺、产品有关的文字、图片、视频、故事等，如图4-17所示。

图4-17　微淘截图

因此，微淘无疑是一款非常成功的带有社交性元素的产品。重点是做内容，让内容丰富、丰满、新颖，可读性强，足够吸引人。同时，将店铺信息、产品信息植入其中，带有情感、带有温度地展现给用户。这样既可以强化用户的黏性，同时对引流和转化也是非常有用的。

第5章

活动运营：
没有活动，就没有留存和促活

上一章讲到互联网产品的内容运营，本章将讲与之息息相关的活动运营。它们同是产品引流的重要运营方式，不同的是内容运营是一种常态下的运营，主要靠细水长流的坚持，潜移默化地去影响用户；而活动运营则相反，它更具有爆发性和时限性，一场有效的活动可以在短期内带来各项运营指标的迅速提升。

5.1　什么是活动运营

天猫"双十一"、京东"女生节"……电商平台各种活动大促不断，微博、微信及其他新媒体广告铺天盖地，从线上到线下都相当热闹。活动，无疑是聚集人气的最好方式，其作用远不止于此，还体现在降低运营成本、拓展运营空间、提升运营价值、丰富用户体验等多个方面。

可见，做互联网产品离不开活动运营。活动运营是指运营人员针对不同目的、不同性质的活动进行包含策划、实施、执行跟踪、效果分析评估等一系列的工作。

从活动类型上看，活动运营大致有3种类型，如图5-1所示。

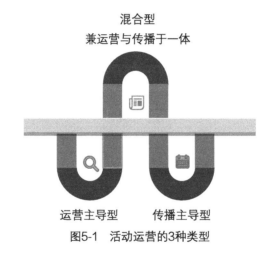

图5-1　活动运营的3种类型

一是运营主导型活动运营，是指以盈利销售为主、品牌宣传为辅而展开的主题运营；二是传播主导型活动运营，是指以品牌宣传为主、盈利销售为辅的策划活动；三是混合型活动运营，兼具以上两种类型的特点，既做运营又做传播。

在当前媒介市场竞争日益白热化的形势下，媒体将越来越多地扮演企业或准企业角色，也将越来越倚重运营主导型和混合型活动运营。

5.2　活动运营的内容和流程

5.2.1　活动运营的内容

活动运营是树立企业形象、提升产品影响力、提高产品销量的主要手段。经常听到活动运营人员这样抱怨：一不做活动，单日交易额马上骤减！目前，互联网产品本身的差异并不大，关键在于活动运营的效果。因此，对于肩负着提升交易额压力的运营人员来说，活动不能停。

相比于内容运营的"润物细无声"来说，活动运营则更具有引爆性，需要在较短的时间内能够对产品有所提升。比如，对网络社区类产品来说，活动运营可以让用户更加积极地互动起来；对电商类产品来说，活动运营可以让用户更加疯狂地买买买。

既然活动运营如此重要，那么，活动运营人员具体需要做哪些工作呢？为了更直观地了解这方面的内容，我们先看一个实例。

案例 **❶**

某电商平台在招聘活动运营人员时，对该职位的职责做了明确规定，如图5-2所示是该商家发布的招聘启事。

● 活动策划及推广

1. 精通淘宝、天猫以及其他商城等卖家规则并能熟练运用。

2. 熟悉淘宝各种站内推广：包括商城与商品标题关键字策略、论坛社区、淘宝直通车、排名等，并配合店铺自身的各类营销推广。

3. 研究竞争对手的推广方案，向运营经理提出推广建议，执行相关网络营销方案，完成预期销售目标。

4. 研究淘宝营销工具，提出应用方案，提高入店流量，增大点击率和浏览量。

5. 进行淘宝热销类目及产品分析，为公司制订网销产品提供依据。

6. 定期针对推广效果进行跟踪、评估，并提交推广效果的统计分析报表，及时提出营销改进措施，并给出切实可行的改进方案。

7. 优化产品关键词、库存和产品线，并根据实际情况微调店铺的经营方向。

8. 细化各淘宝店铺人员工作职责，完善淘宝店铺的操作规范和操作流程，并能制订传承性文件。

9. 积极处理部门主管及其他上级领导安排的其他相关工作，配合其他部门的相关工作。

图5-2 某电商平台的招聘启事

从这则招聘启事中可以看出活动运营人员职责的大体范围。一般来讲，活动運营人员的职责可以分为5大类，具体如图5-3所示。

活动运营人员的工作职责

❖ 引新：通过平台渠道或其他渠道进行用户邀请，增加新用户量。
❖ 转化：研究、制订、策划活动方案，提升新用户购买率。
❖ 促活：优化产品，改进促销方案，大幅度提升平台交易量。
❖ 重复购买：提升服务，吸引老用户购买，提升客单价。
❖ 品牌：资产包装，扩大品牌知名度和辨识度。

图5-3　活动运营人员的工作职责

5.2.2　活动运营的流程

活动运营是体系性非常强的工作，通常比较复杂，对于新人来讲往往难以适应。因此，作为运营人员想要高效地进行活动策划与执行，在开展具体工作前，一定要明确工作流程，并按照流程严格操作。

那么，接下来我们就详细了解一下运营人员做活动运营的流程，具体可以分为8个步骤。

（1）制订活动的目标及量化指标

活动运营的主要目标有两个：一个是增加客户数；另一个是提升业务量。为了实现这两大目标，需要制订明确的量化指标，具体内容如图5-4所示。

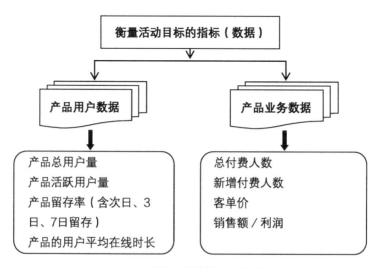

图5-4　活动目标数据及量化指标

074

另外，策划一场活动往往会同时受多个数据的影响，作为运营人员需要明确每场活动的核心目标数据及量化指标。

（2）确定开展活动的方式

这个环节运营人员需要思考的问题是如何用高效激励手段来刺激用户参与活动，也就是说，在有限的活动预算下，怎样尽可能多地让用户参与进来，以达到活动运营的目的。

常采取的活动方式有抽奖、打折、送赠品等，当用户完成某个特定行为，或符合活动规则时，即可享受商品优惠。

（3）撰写活动策划案

撰写活动策划案就是对活动完整思路的梳理过程，它包含活动背景、主题、目标、产品、时间、预算、推广计划、需要配合的部门（技术／产品／设计）等基本信息。

（4）评估上线成本、时间等

这里主要就是沟通的问题，在立项会议上首先需要明确告知其他部门此次活动的收益，以及对方将得到什么，然后拿出市场需求文档（MRD）和制作好的活动页面，让产品、技术人员对开发成本和上线时间进行预估。

MRD和活动页面图可以在立项会议前，提前用邮件发给产品经理、技术开发人员。另外，在立项时，多向产品、技术人员咨询，处理好活动页面数据埋点问题，做到数据不遗漏，方便日后对运营目标的达成情况进行多角度的衡量。

（5）充足准备活动推广所需的资源

立项成功后，上线时间、成本预估完成，活动基本就成功了50%，接下来要做的是为推广做准备：活动推广分为内部推广和外部推广。

内部推广提前1周申请资源位，尽量申请最好的位置；外部推广主要是与渠道投放部门合作。活动运营做好渠道的需求说明，具体操作内容不多。当然，在创业公司做活动的话基本渠道的运作也要自己做。

（6）上线测试

测试一般都由专业人员负责，测试项目主要看活动页面的展示效果、与用户互动效果，以及后期数据反馈渠道是否通畅。比如，票数统计是否正常、关键数据统计点是否精准。

（7）数据分析

活动上线后，并不等于就万事大吉了，还需要监测、收集用户评论／反馈等信息，定期对数据进行跟踪分析。这样，既能够为运营人员在活动结束后做总结奠定基础，也有利于活动的优化调整。

做活动数据分析，可以重点监测以下3项数据，如图5-5所示。

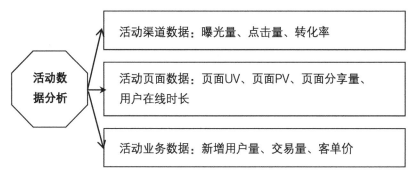

活动数据分析

活动渠道数据：曝光量、点击量、转化率

活动页面数据：页面UV、页面PV、页面分享量、用户在线时长

活动业务数据：新增用户量、交易量、客单价

图5-5　活动数据分析的3个方面

（8）复盘

复盘是一个股票专业术语，是指股市收盘后再静态地看一遍市场全貌。在股票市场中，这是针对投资者在股票交易时来不及观察、来不及总结等情况，需要在收盘后重新审视评估的一种行为。同样，我们也可以将这种行为运用在互联网产品活动运营上，以弥补在策划、测试阶段的不足，将之前的流程重新演绎一次，从而对这次活动有足够的把握。

运营人员做活动复盘可以按照以下4个具体步骤进行。

第一个步骤：回顾活动目标

复盘需要有一个参照物，企业可以以当初预定的运营指标作为参照物，如计划新增多少用户、次日留存率是多少、新增多少付费用户。客观地把当初的活动目标与活动结果进行比较，看看是超出预期还是不足。

第二个步骤：呈现活动结果

把与活动目标相关的数据结果呈现在复盘会议中，让每个团队成员都明确知道结果。对获取的数据结果也要进行简单的处理。比如，用户增长500人，那么用户增长时间段分布如何、增长最快的那个时间点发生了哪些事件。通过一系列的分析，可以把宣传广告投放的时刻与用户增长点最快的时间段进行对比分析，找出最高效的活动结果。

第三个步骤：深入分析原因

深入分析产生以上结果的原因，具体的分析方法可以采用假设法，根据预设目标和最终结果之间的差异，提出几种假设，然后再根据数据去验证，最终找出原因所在。常见的假设包括以下4种，如图5-6所示。

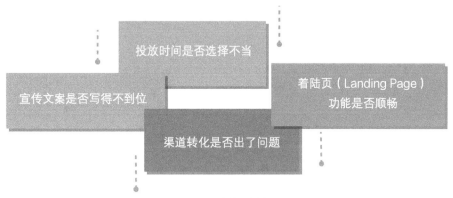

图5-6　4种常见的假设

假设之后就要进行验证。常用的验证方法有三种：一是通过数据验证；二是改变变量，再试一次；三是打电话回访用户，了解转化过程中用户的经历和困惑，找出转化的瓶颈。

第四个步骤：导出经验总结

将前面几步的分析过程和结论记录下来，写出复盘笔记，以便于在策划下一个活动时，可以进行查看，避免重复性的错误。已经被证明有效的部分，下次可以进行复用并将其改造得更加成功。

需要注意的是，在经验总结上不要流于表象，尽可能地发现问题的本质，让问题不再发生。比如，通过分析假设Landing Page的稳定性不够，且经过用户回访验证了这个猜测，用户也反馈经常会有打不开的状况，那你得出来的经验总结是什么？

① 初级复盘：下次做活动时，我自己先提前试试，不能点开就要让开发和运营维护的同事加强调试。

② 中级复盘：Landing Page作为活动转化最重要的一环，需要重点监督，每次都要特别交代测试人员完成足够有效的测试和反馈。

③ 高级复盘：明确制订开发、测试、运营维护人员的工作职责，将Landing Page的稳定性作为重要考核指标之一。

另外，产品运营人员没有及早发现问题，也在这方面缺少关注的意识，需要重点加强。

在此过程中要敢于不断反思并与同事探讨为什么，为什么得出这个复盘的结论，验证得到的经验结论是否可靠有效。

在总结完经验后，也要将可以改变问题的方案列下来，并明确可以实现的时间和执行对象，这是复盘最重要的成果输出。

掌握上述8个步骤是一名合格的活动运营人员的基本要求。做活动除了要控制好成本、达到预期的交易量，还得做出新花样、高水平。这里顺便说一下互联网金融方向活动的基本情况，这和其他互联网产品差不多，都是利用用户的逐利心理，直截了当地送福利引导用户完成运营指定的"任务"。

5.3 活动方案策划的原则

5.3.1 创意性：活动创意要足够新颖

活动是产品推广和宣传的主要方式，直接关系着产品在市场上的表现，但目前活动运营大多缺乏创意，深陷同质化竞争的旋涡。用户早就看腻了千篇一律的活动，对其产生了免疫力。

一个活动如果无法激起用户的兴趣，再多的努力也是徒劳。在这种情况下，运营人员就必须在活动策划上多些创意，多些亮点，让活动别具一格。

案例 ❷

2016年9月9日，为期两天的"九九归移"2016大数据、移动营销节暨第三届金比特奖&金坐标奖颁奖盛典圆满落幕。在此次大会中，墨迹天气凭借与雪碧、麦当劳携手合作的"35℃计划"被授予品牌营销标杆案例大奖。墨迹天气之所以能获此大奖，靠的就是创意，以及在创意中体现出来的人文关怀。

继2015年"35℃计划"之后，墨迹天气在唤醒公众关注夏季高温的同时，以"击败炎热，降温世界"为主题，再次与雪碧、麦当劳携手推出"35℃计划"，为活动赋予更多的公益价值。

从6月29日起，若当天气温达到35℃以上，用户就能在指定地点免费领取雪碧。除此之外，墨迹天气也在端内、端外同步倡议公众为"降温"付诸行动，希望吸引更多的人关注高温、关注环境变化、关爱地球环境。墨迹天气的此次活动集环保理念和公益普及于一体。

8月23日晚，该活动完美收官。此次活动上线56天获6家顶级应用程序（TOP APP）联合开屏支持，10位明星助阵，超30万家互联网企业、关键意见领袖（KOL）联合发起"降温世界"的微博助力。

墨迹天气"35℃计划"的创意来自炎热的天气，其活动主题与产品本身的特质非常吻合。但是该活动最大的创意是其背后体现的人文关怀及其公益性。在"35℃计划"营销活动中，墨迹天气走近那些默默无闻的高温工作者，为其量身拍摄了一组"夏日英雄"宣传片。片中选取北京、上海、重庆3座城市的6处地标性建筑，找到了在35℃以上的高温天气中的6名高温工作者，他们分别是快递员、建筑工人、棒棒军、厨师、"蜘蛛人"和环卫工人。墨迹天气以第三者的视角记录和呈现了他们在高温环境下的工作、生活状态和所思所想，通过影像的形式送上关怀，将他们平凡而又不平凡的一面呈现在公众面前。

墨迹天气此次活动能取得成功并获奖的根本原因就在于活动的创意，将产品信息巧妙地融入极具人文关怀的公益宣传中，让公众感受到了来自企业的正能量。

在营销活动新方式频频亮相的时代，创意的意义不言而喻，谁的活动富有新意，能吸引用户注意力，谁就能在竞争中掌握主动权。为此，很多企业都尽可能地寻求创新，期望以崭新的面貌获取用户的关注。

可见，创意性对任何产品、任何活动都是极其重要的。那么，如何才能策划出让人眼前一亮、富有创意的活动呢？企业可以按照以下5种方法来做，如图5-7所示。

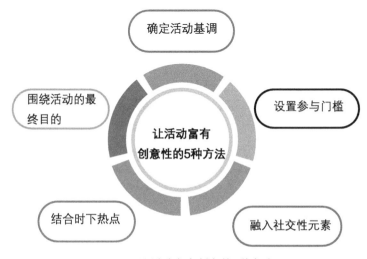

图5-7　让活动富有创意的5种方法

（1）根据目标群体需求确定活动基调

活动的受众不同，活动的基调也应该有所区别，要根据目标群体需求确定活动基调。

比如，做母婴类的活动，由于面对的人群基本以宝妈为主，那么，活动基调就是宝妈和宝宝的关系，旨在打造一种母子情深、美满家庭的温馨感；做母亲节促销活动，活动基调就是"家""团聚""爱"，那么在具体的策划上就一定要有所体现，如图5-8所示。

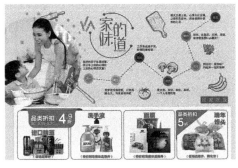

图5-8　某商超策划的母亲节促销活动

影响活动基调的因素包括活动定位、图案、文案形式、参与方式等。这些都需要在活动策划阶段就确定下来，充分结合目标群体的实际需求和心理需求而定。

（2）根据活动性质设置参与门槛

活动参与门槛的设置非常重要，不能过高也不能过低，否则都会影响活动的效果。

活动门槛的设置需要根据活动性质而定，如果是为了积累高质量的用户，那么就要提高用户的参与门槛。如果活动是单纯追求规模，那么就要降低用户的参与门槛。

案例 ❸

创意家居用品网站趣玩网在创办早期，为了获得更多的注册用户，发起了一个注册有奖活动。只要是在网站新注册的用户，填入自己的地址、邮编及联系方式，即可获得抽奖的机会。同时，如果邀请好友参与还可以再获得最多三次的抽奖机会和赠送的精美礼品等。一般而言，网站获得注册用户的成本非常高，想要用户再填入真实的电子邮箱、地址、手机号码等联系方式就更是难上加难，而趣玩网则根据活动性质，将参与门槛设置得较低，因而轻松获得了第一批体验用户。

另外，需要注意一点，参与门槛可以根据活动目的调整，但不管是哪种，都要保证活动参与流程的清晰性，不能把活动环节设计得非常复杂，把用户挡在门外。

（3）融入社交性元素便于口碑传播

互联网产品主要依靠的是线上传播，而线上传播最主要的途径就是社交平台。社交平台已经是互联网、移动互联网时代最有效的引流工具，因此，活动要结合社交平台的属性，融入一些社交性元素，以便活动推出后适宜在各大社交平台上，利用用户的力量进行传播，将活动进一步引爆，引发大范围传播。企业要充分把握社交平台的分享规则，让活动易于在社交平台上传播。

案例 ④

中国移动策划的一项流量分享活动，为了获得更多的用户，就融入了分享功能，只要用户进入APP，按活动要求分享到微信、QQ等平台一次，就可获得100MB流量。活动宣传图如图5-9所示。

图5-9　中国移动的流量分享活动宣传图

其实，分享就是社交性元素，可激发用户充当扩散者，引发链式反应，让活动持续进行下去。

（4）结合时下热点标新立异

结合时下热点是一种借力，可以吸引用户，激发用户的参与热情，还能将一些搜索引擎优化（SEO）的流量吸引进来。比如，当下火热的网红经济，网红自带流量，再加上运营人员根据品牌自身的特点与某网红进行巧妙结合，很容易吸引该网红粉丝的关注。这些粉丝基于对该网红的钟爱，极有可能成为该产品的第一批种子用户。在这里，网红就是一种热点，也正是因为网红的存在，才能吸引一大批新用户关注。

（5）始终围绕活动的最终目的

任何活动创意都是为活动目的服务的，要始终以活动的最终目的为导向。如果为了创意而偏离活动的终极目的，这个创意再好也无用。创意为目的服务，不要让活动流程中的一些因素改变活动的初衷。

比如，有一款茶饮品牌，为了做活动推广，邀请当红明星拍摄了一部微电影，为了让电影有新意，加入了一个神奇冰箱的故事情节，把茶饮放进冰箱替男女主人公传达情思。但是，观看此部微电影的用户却把关注点放在了冰箱上，纷纷表示"我也想买这样一台神奇的冰箱"。这就违背了活动的最终目的。

5.3.2 指向性：活动目的要明确

在做活动运营时需要先做一份策划案，即通过对活动的策划，给活动以明确的定位，活动要达到一个什么样的目的，获取一个什么样的效果。活动策划通常有4个目的，分别为提升交易额、提升用户数量、提升用户日活跃度、提升用户内容贡献。

（1）活动目的一：提升交易额

做活动运营最直接的一个目的就是提高销量、提升交易额，这也是很多企业做活动最直接的目的。降价、折扣是提高销量、提升交易额最常用的促销手段。我们经常看到很多打出"出血价""甩卖价""亏本价"的广告，这些方式对消费者的吸引力非常大。

（2）活动目的二：提升用户数量

提高销量、提升交易额是活动运营的一个主要目的，但不是唯一目的，要想吸引更多的人、获得更持久的关注，还应提升用户总量，通过多种渠道进行站内、站外宣传。因此，作为活动运营人员也自然要制作出一些"弹药"供渠道人员进行"投射"，提升渠道从曝光到用户获取的转化率。例如，对于很多电商平台来说，会采用免费、秒杀、低价抢购等方式促销，其真正的目的是营造氛围，吸引大众的围观。

案例 ❺

　　自然堂，在其微信官方旗舰店上采取关注有礼的活动模式，如关注"自然堂官方微信公众号"，如图5-10所示，就可以到最近的实体店专柜低价购买商品。这种方式一方面直接推广了产品，增加店铺的访客量，同时也提高了与用户的互动，增强了用户的黏性，便于用户长久地关注品牌。

图5-10　自然堂的关注有礼活动

　　"折扣+返还"是最常用的活动方式，是指在成交价的基础上，再给用户一定的优惠，如可以获得礼品、试用品、购物券等，目的是为宣传造势，提升用

户量。

（3）活动目的三：提升用户日活跃度

对于提升用户日活跃度，如果接到这样的任务会想到哪些策略？积分榜、签到、推送、智能推荐……这些对活动来说都不够快速有效，要想在短时间内聚集人气，可以参考北京移动签到送流量活动，参与活动的用户能够在一定日期内兑换流量，这对用户来说非常实惠。

案 例 ❻

　　北京移动APP上的签到送流量活动，在一定时期内，通过签到获取兑换流量的机会，根据签到次数的多少来决定兑换流量的多少，这大大提升了用户日活跃度，提升新增用户次日留存率。如图5-11所示。

图5-11　北京移动签到送流量的活动

（4）活动目的四：提升用户内容贡献

提升用户内容贡献，即是让用户生产内容（UGC），让用户参与内容的输出。UGC的诞生让互联网产品形态更加丰富、有意思，用户不只是产品的使用者和内容的被动接受者，而是摇身变成产品的参与者。

现在的互联网产品或多或少都带一点UGC属性。有的是作为核心功能存在，例如，社区类产品，如贴吧、豆瓣；有的作为辅助功能模块存在，例如，如网易云音乐的评论；有的则从核心功能延伸，贯穿整个产品结构，例如，微信朋友圈点赞、留言，微信公众号留言区等。

案例 ❼

简书是一个典型的互联网创作社区，也是优质原创内容输出平台。用户在简书上面可以方便地创作自己的作品，互相交流。同时，平台也为用户提供了大量的小组话题交流、同城活动等，话题能和文艺青年用户群体、特征相契合，让人任意点进去，都能看到比较多且优质的UGC。

在简书首页焦点图总能看到层出不穷的征文活动、社群活动、脑洞征集，且活动主题不落俗套，如图5-12所示。无论何时打开首页，都有参与创造UGC的机会和空间。社区想要聚拢人气，就要借势热点话题，或者提供有吸引力的奖品组织活动，调动用户参与。

图5-12　简书活动精选专题

用户参与内容输出既为平台贡献了好内容，引发了口碑效应，也是一场"造星"活动，让好的内容选手脱颖而出。

通过不同的活动，运营就会得到不同的效果。不过，在实际执行中，能否像北京移动、自然堂这些品牌一样做出这么棒的活动，主要还是看公司支持程度，在现有资源的前提下，对于运营人员而言，能做的就是运营好每一个小活动，为日后的大活动做好能力储备。

5.4　活动的执行与总结

5.4.1　活动的执行

所有准备和策划都是在活动执行过程中体现出来的。在活动执行过程中有可能出现各种各样的意外，只要有一点点的瑕疵，可能就会导致活动失败。因此，运营人员必须充分重视活动的执行过程，确保做到万无一失。

（1）活动跟踪

活动进入执行阶段后，要紧盯活动的发展，关注用户参与的状态，把握活动过程中的各个细节。活动跟踪可以避免在活动执行中产生的意外，一旦出现意外情况也可以及时应对。活动运营最后的落脚点是内容和用户，所以，企业要切记在活动执行过程中提取优质的作品和用户作为积淀。

（2）有效引导

活动执行阶段的有效引导主要分为3个方面。一是用户的引导。活动中的每个环节都要吸引优质用户参与，用优质用户带动其他用户。要做到这一点，就需要事先安排好优质用户，先让这些优质用户贡献出优秀的内容。二是评论的引导。活动开始之后，不能被无意义的评论所主导，否则会影响活动的后续效果。企业要对评论进行恰当的引导，营造热闹的讨论氛围。三是活动内容的引导。企业要及时收集和整理参与者的内容，方便其他用户阅读，同时利用一些宣传手段刺激其他用户参加。

（3）有力应变

根据活动的执行情况调整活动方案，可以适当延长活动周期和加大奖品力度，不能一成不变地做活动。另外，要及时发现和处理活动中的违规现象，不能让违规行为扼杀了活动的公平性，从而影响产品的形象。

5.4.2　活动的总结

活动结束后，就进入活动总结阶段。企业要对此次活动好与不好的方面进行总结，好的方面要在下次活动中做得更好，精益求精；不好的方面要在下次活动中改进，避免犯同样的错误。只有善于总结，企业的活动运营才能做得越来越好。

一份完整的活动总结包括以下5个元素。

元素一：背景。这个背景要让大家能看得懂，这样才能让下次做活动的人员知道上一次活动做的是什么、有什么问题要解决。

元素二：目标。明确告知此次活动的目标，什么时间、什么范围，要提升多少数据。

元素三：效果。此处是指最终效果，要总结核心数据，以及是否能达到活动预期。

元素四：详细分析。列出具体的措施和数据，分析活动的每一步进展，得出最终结论。

元素五：经验总结。这是总结中最关键也是最重要的一步，总结活动的优缺点，并分别列出。

第6章

用户运营：
满足用户需求是运营的终极目标

　　做任何产品的目的都是以用户需求为基础，以满足用户需求为终极目标。因此，运营必须体现用户需求，用户运营也成为互联网产品运营一个不可缺少的主要组成部分。本章紧紧围绕用户运营展开，包括用户运营的概念、任务，以及如何获取用户，如何对用户信息、需求进行分析等。

6.1　什么是用户运营

用户需求永远是产品运营工作的指导线，是企业开发、研制一款产品的基础。有什么样的需求，就要做什么样的产品，尤其是在互联网、移动互联网时代，需求个性化趋势更加明显，对运营工作的要求也越来越高。

这给广大运营人员提供了一个思路，即无论什么产品，做什么服务，都必须坚持用户至上的原则，坚持以用户思维去考虑问题、分析问题。产品的核心是解决用户的问题，了解用户需求是用户运营中最重要的一个点，知道用户要什么，然后更好地为用户服务。

那么，什么是用户运营，以及如何做好这项工作呢？我们先来看下其概念。所谓用户运营，是指以用户为中心，遵循用户的需求设置运营活动与规则，制订运营战略与运营目标，严格控制实施过程与结果，以达到预期所设置的运营目标。

为了更好地理解用户运营的概念，我们可以将这句话进行拆解分析，如图6-1所示，这也可以认为是用于运营的四大要素。

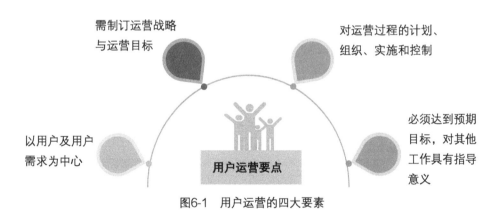

图6-1　用户运营的四大要素

用户运营是一个很烦琐的过程，运营人员要有足够的耐心，细心整理用户资料和信息，以便更清晰地知道用户从哪里来，是通过什么渠道过来的，用户是谁，做好用户画像，清楚用户的需求是什么。

6.2　用户运营第一阶段：拉新

拉新是用户运营的第一步，如何拉到第一批用户是用户运营首先必须解决的一个问题。也就是说，要扩大用户规模，因为没有足够的用户基础，再好的产品也无法体现其价值。对于互联网产品而言，衡量拉新工作成效的主要指标是注册用户数和访客量。

6.2.1 注册用户数

经过多年的发展，互联网产品注册渠道已经非常成熟，有多种方式，包括产品自身的注册入口、站外合作、商业推广、绑定登录等，尤其是绑定登录，已成为各大互联网产品进行用户拉新惯用的方式。

案例 ❶

喜马拉雅FM是中国最大的音频分享平台，2013年3月正式上线手机客户端，是国内发展最快、规模最大的在线移动音频分享平台。喜马拉雅FM之所以能在短期内吸引如此多用户注册，很大程度上依靠的就是绑定登录。那它是如何实现绑定的呢？即借力微信账户、QQ账户和微博账户三大社交平台账户（打开喜马拉雅FM的手机客户端就可以看到），只要拥有这三个社交平台的任何一个账户，即可直接登录。

微信、QQ、微博这三个社交平台用户覆盖面非常广，几乎囊括了国内所有的自媒体用户。也正是这种方式，既有助于喜马拉雅FM快速建立稳固的用户基础，又可以使用户登录更加快速便捷。如果使用单独的账户，则需要先注册，很多用户就可能因此而放弃使用了。

所谓绑定登录，就是直接与在其他产品注册的用户进行绑定，实现用户注册资源的共享。值得注意的是，这种共享需要先获得对方的授权。比如，现在有很多第三方应用在登录页面上都会提示，可以直接用新浪微博、QQ、微信账号直接登录，那么就要先获得这些平台的授权。

然而，尽管绑定登录是互联网产品用户拉新的常用方式，但仅仅靠这点还是不够的，因为还有一部分人没有可绑定的账号，或者不想用那些账号（出于隐私考虑）。因此，只有实现注册方式的多样化，才能满足更多人的需求。在实现注册方式多样化上可以采用以下方式，即做好注册引导和转化，尽量简单明了地让用户完成注册。

注册引导是让准用户转变为目标用户的第一步。通过注册引导，运营人员要让用户明确地知道如何尽快成为注册用户，必要时也可以向用户展示自己的产品是什么、核心价值是什么、能够提供什么样的服务、如何使用等这些信息。用户只有完全通过注册引导明确了这些，才算真正地转化成目标用户。

需要注意的是，这个"引导"过程必须简单高效，避免过于繁杂，否则反而会造成用户流失。据统计，在注册引导过程中，用户流失率是非常高的，通过对相关数据进行统计分析发现，每增加一个步骤，转化成功率就会下降10%，如果超过5个步骤，就基本流失了一半。所以，运营人员在设计注册引导流程时必须坚持简单高效的原则，具体如图6-2所示。

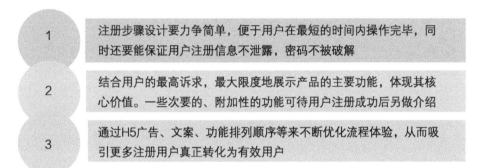

1 注册步骤设计要力争简单，便于用户在最短的时间内操作完毕，同时还要能保证用户注册信息不泄露，密码不被破解

2 结合用户的最高诉求，最大限度地展示产品的主要功能，体现其核心价值。一些次要的、附加性的功能可待用户注册成功后另做介绍

3 通过H5广告、文案、功能排列顺序等来不断优化流程体验，从而吸引更多注册用户真正转化为有效用户

图6-2 设计注册流程应坚持的原则

6.2.2 访客量

衡量互联网产品用户运营质量的另一个标准就是访客量，访客量多了，在一定程度上就预示着新增用户的增多。那么，如何提高访客量呢？主要有3种方式，如图6-3所示。

设置卖点　　提升用户体验　　鼓励用户进行二次传播

图6-3 提高访客量的3种方式

（1）设置卖点

卖点能起到抛砖引玉的作用，吸引新用户关注。为了便于理解，我们可以先看一些日常生活中的实例。例如，我们去餐厅吃饭，有时候会看到菜单上某样招

牌菜价格非常低廉；去超市或商场购物，也总能看到个别畅销品打折促销。其实，这就是"爆款卖点"，泛指那些能充分吸引用户的特殊品类，以最优惠的条件先抛出卖点，来吸引用户进行更多的附加和连带消费。

案例 ❷

腾讯公司作为三大互联网企业巨头之一，旗下有无数款产品，囊括新闻媒体、社交、理财、体育、生活消费等多个领域。而每款产品都能在极短时间内吸引大量用户，究其原因，稍做分析就不难发现，它们都在围绕核心产品——QQ进行。

QQ作为腾讯旗下最成功的社交产品，已经成为连接其他产品的纽带，其他任何一个产品基本都在依靠QQ直接或间接地引流。其实，QQ就是腾讯的"爆款卖点"。

在打造QQ这个卖点上，腾讯可谓下足了功夫，最典型的做法就是打出"免费"牌和提供增值服务。

（1）永久免费使用

如果把产品绝大部分免费送，或仅仅收取一小部分费用，那么这家企业很有可能生存不下去。然而，在互联网行业却不存在这种现象，QQ一经推出就采取了免费策略，虽然曾经因为资金问题采取过收费下载策略，但是却导致新用户增长缓慢。为此，QQ果断放弃了收费的想法。"免费"永远是产品成为爆款的必备条件，特别是在互联网行业。因此，腾讯就一直让用户免费使用QQ。免费的产品自然能吸引大批用户的关注。

（2）提供增值服务

QQ依靠免费使用吸引到大批用户之后，就开始采取收费策略。当然，这并不是说直接收取使用QQ的费用，而是在免费的基础上新增增值服务，这些新增增值服务是收费的，比如，QQ会员、QQ秀、QQ课堂、QQ游戏等。这些收费服务既可以弥补免费项目的损失，又可以保证用户不流失。

综上所述，QQ这个卖点打造得还是非常成功的。将某品类中的一款产品或某款产品中的一个功能作为"爆款卖点"进行引流，从而实现带动产品矩阵内其他产品销售的目的，这就是设置"爆款卖点"的意义所在。

（2）提升用户体验

一款产品之所以能吸引用户，最重要的一点就是拥有绝佳的用户体验。没有好的用户体验很难吸引用户，更难持久留住用户，更不用说希望依靠用户口碑引发二次传播了。所以，在做用户运营时，应重点做好产品给用户带来的体验感。比如，微信、百度地图这些互联网产品，正是有了良好的用户体验，才使得用户成为忠诚的粉丝。

（3）鼓励用户进行二次传播

在互联网产品中，鼓励用户进行二次传播的方式很多，如转发、分享、引流推荐等。其中还有一种内部邀请，也是常用方式之一。

所谓内部邀请，是指通过设置内部奖励机制，鼓励老用户邀请新用户。这种方式其实很好理解，在实体店经营中常常可以看到。比如你去吃火锅或韩餐，拍一张照片发到朋友圈，你就能获赠一份甜点；或者你去肯德基吃饭，结完账后店家给了你两张优惠券，可以下次使用，结果你没有时间使用可以给朋友，让朋友去吃，这就相当于帮肯德基做了一次"内部邀请"的二次传播。

京东商城是最大的电商网站之一，在图书专场页面中很多时候都可以看到"邀请××人，可获满×××元减××元"的优惠活动，其实，这也是利用了内部邀请的传播方式，目的是激发老用户进行二次传播。

内部邀请这种方式，最关键的一点是奖励机制的设置要求。奖励一定要有吸引力，抓住用户痛点需求，符合用户心理预期，真正解决用户的困惑和问题，如图6-4所示。

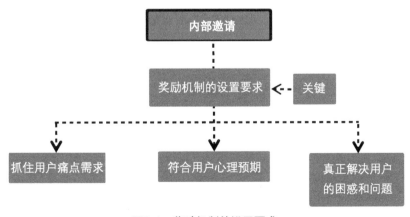

图6-4　奖励机制的设置要求

6.3　用户运营第二阶段：避免流失

一般来讲，任何产品当用户积累到一定阶段后，有很大一部分就会流失，这是不可避免的。因此，在用户运营中，吸引新用户重要，留住用户更重要，因为只有留得住的用户才是有效用户。

6.3.1　用户流失的定义与分析

用户流失是每款互联网产品都无法避免的，为了更好地挽回那些已经流失的用户，首先需要明确"用户流失"的定义。

（1）用户流失的定义

用户流失的定义其实很简单，就是一段时间内未访问或者未登录过产品的用户。不同产品对于用户流失的定义也有细微差异，微博、电子邮箱类产品，如用户未登录时间超过一个月，就可以判定为流失用户；电子商务类产品，如三个月未登录或半年内没有任何购买行为的用户就可以判定为流失用户。

（2）用户流失的计算标准

在判定用户流失上可以参考"用户最后一次登录距当前的时间"这一数据。流失用户是通过用户最后一次登录距离当前的时间来鉴定的，因此要分析流失用户就需要知道用户最后一次登录的时间。

不同产品间隔时长不同，最长的可能有一年甚至更久。因此，需要对注册用户进行分析。简单、快速地计算用户最后一次登录距离当前的时间，然后以此来判定用户是否流失。但单纯地计算总用户流失量对于判定用户流失是起不了什么作用的，因为这个数值基本上都是递增的。正确地判定用户流失的方法是：先计算总用户流失占总用户数的比例与新增用户流失数，然后再对其变化趋势进行分析。

那么，如何来计算呢？这还需要先确定用户流失临界时间间隔。新用户注册后就完成了首次登录，如果在一段时间内没有再次登录就可以判定为用户流失，而这段时间就是流失临界时间间隔，产品不同间隔时长也不同。假如这个期限是1个月，那么，流失临界时间间隔就是1个月，计算时也以1个月为准。

比如，计算时间从2018年11月1日开始，就应该截至2018年12月1日，将在这段时期内没登录过的用户数统计出来，除以11月1日的总注册用户数，得出的结果就是新用户流失率。

其计算公式为：

$$新用户流失率 = \frac{用户流失数（临界时间间隔1个月）}{1个月前当天注册用户数} \times 100\%$$

（3）用户流失的召回

用户流失是无法避免的，但并不是说流失的用户是无法挽回的。运营人员可以采取必要的措施挽回流失的用户。那么，如何挽回流失用户呢？常见的方法有积极的回访、对产品进行优化和更新，以及对老用户重新拉新。

为了便于理解，我们就以一款手游产品为例。任何手游从上线到运营的这段时间，用户一定是不断更新的，其中也不可避免地会有大量用户流失。

1）积极的回访。当用户两周不登录时，即可判定为流失用户，即使对方有可能再次登录，但也至少表明该产品对其的吸引力非常有限。此时就需要及时回访，可以采用电话、电子邮件、短信等形式。回访是一种极其重要的拉回手段，可以采集用户流失的原因数据，然后根据这些数据制订具体的挽回策略。

若用户是因为没有足够的时间，则可以调整游戏时间；若用户是嫌消费太高，则可以举办一些回馈活动或进行适当补贴；若是用户账号被盗，则可以直接恢复数据。

2）对产品进行优化和更新。在持续流失成为既定事实时，运营人员最需要做的就是维稳，防止更多核心用户持续流失。对产品进行优化和更新是最可靠的一种方式，因为手游是以体验为主的产品，产品在进入稳定期之后，需要持续进行优化和更新，否则，一些已深入体验过游戏的用户就会兴趣不再，当新鲜感下降必然会造成流失。

3）对老用户重新拉新。这种方式在端游很常见，因为端游寿命长，老用户重新拉新是最佳补充"新血"的途径。但手游往往会因为新用户经验不足而出现问题。在做手游老用户重新拉新活动时，可遵循"大奖豪华、简单直接、活动真实、氛围热闹、小奖广发、刺激到位、联系紧密"的原则。其中有三点是最重要的：一是活动规则简单直接，可以降低用户参与门槛；二是营造热闹的活动氛围，让参与和被邀请的用户提高参与度；三是对奖品刺激需要把握到位，让用户认为他们可能获得大奖，且保底产品能让他们满意。

6.3.2 避免用户流失的策略

在产品整个运营过程中，尽管用户流失不可避免，但站在用户运营人员的角度看，他们并不希望这种事情发生，因为运营的一个重要目的就是避免用户流失。因此，留存也成了用户运营第二阶段的主要任务。那该怎么留住用户呢？这就需要运用产品设计和产品运营两个策略，如图6-5所示。

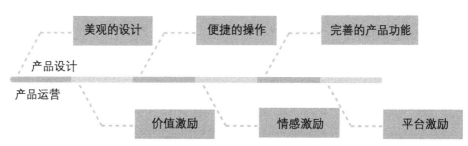

图6-5　留住用户的两个策略

（1）产品设计策略

俗话说，"打铁还需自身硬"。要想留住用户，最根本的还是要依靠高质量的、有良好用户体验的产品。因此，打造过硬的产品是留住用户的首要策略，也是最有效的方法。对于互联网产品而言，判断一个产品的好与坏可以用以下3个标准去检验。

1）是否有美观的设计。人是感官动物，都喜欢漂亮的事物。所以，产品的外观设计一定要大方简洁或雅致美观，让用户第一眼看到就会喜欢。这就像我们去买衣服，在逛商店时，我们先看到衣服的款式漂亮，才会要求售货员让我们试穿。互联网产品也是如此，用户只有看到外观符合自己的心意的产品，才会进行下一步的动作：下载或试用。

2）是否有便捷的操作。便捷的操作是防止用户流失的另一个关键点。一款产品因为外观获得了第一批用户，但用户在使用时却发现产品"徒有其表"，操作体验非常差。比如，一款APP，点开页面需要缓冲一会儿，打开某个功能半天才有反应，那么用户就可能立即放弃。所以，要给用户留下良好的第一印象，首先要给用户提供便捷流畅的操作体验。就像我们买衣服，因为款式好看，决定去试衣间试一试，却发现质量不好，到处都是线头，那么肯定会放弃购买。

3）产品功能是否完善。创造出满足用户需求的产品是留住用户的根本，而一个好的产品往往体现在功能上。互联网产品的功能与传统产品不同，主要靠新功能的开发与迭代，对运营来说，除了要配合功能的开发与迭代的工作，还需要让更多的用户感知它们，包含应用商店的APP描述、启动页的用户引导、站内的活动策划以及相关的渠道推广等。

然而，大多数人对此有一个误解，即认为互联网时代讲究的是"小步迭代"，所以，企业在推出新产品时，认为功能弱一点没关系，以后可以再慢慢提高，其实，这是错误的。

迭代必须建立在基础功能完善的基础上，而且现在是供大于求的时代，任何市场都存在很大的竞争，如果一味讲究"小步迭代"，功能低于同类产品的标准，那么用户自然不会买账。因此，在功能改善和创新上要注意步伐大小。步伐过大，容易脱离用户不断发展变化的需求，且大大压缩了后期产品改善的空间；步伐过小，低于同类产品的标准，则连用户最基本的需求也满足不了，也是不行的。因此，在这个问题上需要把握好"度"。

（2）产品运营策略

要想留住用户，除了注意产品自身的影响因素、做好设计外，还需要注意运营策略。所有的运营工作重在运营策略和方法，科学的策略、正确的方法是高效运营的保证。

对于互联网产品而言，就是做好激励。人在做某件事情时，无论成败，都需要被不断激励，因为只有被激励才会有更大的动力继续去做。做互联网产品运营也是如此，要善于利用多种激励手段来激励用户，因为当用户长期使用一款无法得到激励的产品时，就会缺乏继续使用的动力。

一套富有正面效应的激励机制在产品运营中是非常关键的。那么，常见的激励方式有哪些呢？如图6-6所示。

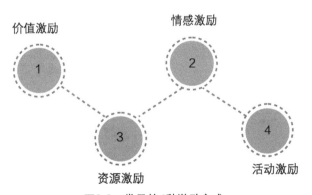

图6-6 常见的4种激励方式

1）价值激励。价值激励即通过体现用户价值来对其进行激励，要让用户感到自己是特别的存在。在互联网产品中，价值激励的方式主要包括特权、等级身份和优惠。例如，游戏中的解锁功能、贴吧中的等级奖励，以及电商会员体系的优惠消费等。

2）情感激励。情感激励即情感关怀，留人不能仅靠冷冰冰的产品，还要产品有温度、有情怀。情感激励的方式主要有互动激励和物质激励。

① 互动激励。互动激励主要是指通过反馈来激励用户使用产品。用户反馈可以分为用户与用户、平台与用户两种，如图6-7所示。

用户之间通过点赞、关注、评论等方式来互动

用户在平台默认页或引导页中通过文案了解、使用产品

图6-7　用户反馈的两种形态

② 物质激励。这种方式一般被运用在网上商城和购物APP中，通过设置物质激励的方式激发用户的参与热情，促使用户对产品进行更深入的关注。例如，最常见的积分商城和积分体系，天猫、滴滴出行等都使用这种方式，效果显著。另外，也可以直接发代金券、优惠券等，只要登录和消费都可以领取一定额度的电子券。

3）资源激励。任何互联网产品，无论是电商平台、APP，还是网络社区、网站，往往都有很多潜在资源，对于用户来讲，之所以选择某个产品，也是为了享用这些资源。因此，资源对用户的情感激励非常大，因为这往往预示着个人与平台将实现利益捆绑。

比如，用户在知乎上，可以获得更多的曝光机会与资源位推介资源。因此，知乎是那些行业大咖、技术控、网络达人最热衷的平台。再比如，有些电商平台和网络社区平台，针对新用户进行推荐，电商平台会推荐买手，网络社区平台会推荐达人。

4）活动激励。官方举办的线上、线下活动，只有达到一定的条件才能参与。官方活动是维系平台与核心用户之间关系的有效方法；网络社区平台也可以通过这种方式保证平台的UGC质量；游戏软件则可以通过这种方式讨好大款玩家，刺激他们付费。

6.3.3　建立用户流失预警机制

每款产品都会有用户流失，可能判断标准有些不一样，但结果都是一样的。如果用户流失过多则会对产品的持续运营产生极大的威胁。那么，运营人员如何才能避免用户流失量对产品持续运营产生的威胁呢？最好的办法就是建立一个完善的用户流失预警机制。

建立一个完善的用户流失预警机制，最主要的工作就是建立一个用户行为模型。在用户与互联网产品的接触过程中，一般都会经历以下4个步骤，如图6-8所示。

图6-8　用户接触互联网产品的过程

通过图6-8可以发现，用户流失是必然的，且是一个循序渐进的过程。当然，这是个较理想的状态，其实真正的情况是，在每个环节都会不定时地出现用户流失。因此，无论从哪个角度看，要想最大限度地留住用户，建立用户流失预警机制非常有必要。在用户开始接触互联网产品时就建立一个用户行为模型，来搜集数据，用数据把控用户行为，分析是在什么时间、哪个阶段、何种情况下流失的。用户流失预警机制的作用，具体如图6-9所示。

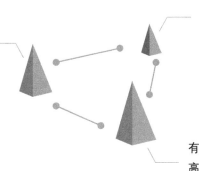

分析用户流失在流失前做了哪些行为，有助于找出流失原因

搜集用户流失的来源渠道、持续使用产品时间等数据

有助于对用户流失进行高效、科学的管理

图6-9　用户流失预警机制的作用

6.4　用户运营第三阶段：维稳

当用户已经维持在一定数量，不足以影响运营时，接下来要做的就是用户维稳，目的是增强用户黏性。这一阶段的工作又叫留存，其实，这点与避免流失有点类似，但侧重点不同，运营方法也不同，避免流失是为了避免用户流失，而维稳是为了巩固用户。

6.4.1　衡量用户维稳的指标与分析

衡量用户维稳效果的一个最重要的指标是用户留存率。这个指标是表现用户有效性的指标，用户留存率越高，意味着用户使用产品时间越长，为产品带来的现金流和价值越高。

（1）用户留存率的定义

用户留存是指在某段时间开始使用某产品，一段时间后仍然继续使用该产品的用户。而这部分用户占当时新增用户的比例即为留存率。

例如，某旅行APP7月份新增500名用户，8月份使用过该应用的只有250人，9月份为200人，10月份下降到150人。这说明，7月份新增的这些用户1个月后的留存率是50%，2个月后的留存率是40%，3个月后的留存率是30%。

用户留存和用户留存率体现了产品的质量与保留用户的能力。如果一款产品不仅能够满足用户的核心需求，而且使用体验比较好，那么这款产品的用户留存率就会非常高。

（2）常用留存率数据分析工具

现如今有很多数据搜集和分析机构提供数据方面的服务，使用比较多的国际性工具有Flurry、Google Analytics，国内工具有友盟、Talking Data及GrowingIO，这些都拥有非常强大的数据搜集、分析能力。

以友盟为例，图6-10所示为某产品8月15日至8月23日新用户留存数据。

时间	初始用户（首次打开应用）人数	回访用户（任意行为）人数						
		1天后	2天后	3天后	4天后	5天后	6天后	7天后
08-23	165							
08-22	163	44 27.0%						
08-21	161	33 20.5%	39 24.2%					
08-20	164	40 24.4%	47 28.7%	40 24.4%				
08-19	159	43 27.0%	32 20.1%	32 20.1%	29 18.2%			
08-18	161	40 24.8%	38 23.6%	30 18.6%	41 25.5%	34 21.1%		
08-17	159	36 22.6%	42 26.4%	37 23.3%	43 27.0%	40 25.2%	39 24.5%	
08-16	158	42 26.6%	35 22.2%	42 26.6%	35 22.2%	35 22.2%	42 26.6%	31 19.6%
08-15	157	36 22.9%	42 26.8%	42 26.8%	39 24.8%	34 21.7%	36 22.9%	27 17.2%

图6-10　某产品8月15日至8月23日新用户留存数据

除此之外，友盟还可以将用户使用产品的详细数据清晰地统计出来，如图6-11所示。

图6-11　友盟的数据分析能力

（3）用户留存率图表

当将数据分析工具的软件开发工具包（SDK）植入产品中时，数据分析工具后台就会自动生成用户留存率数据，以便运营人员更加方便地查阅。仍以友盟为例，图6-12所示是某产品1周内新用户留存趋势变化示意图。

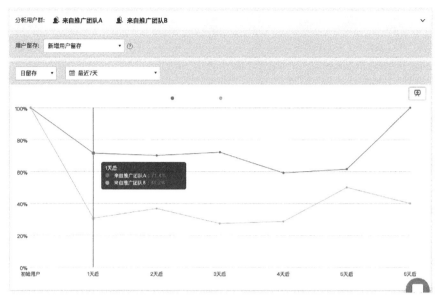

图6-12　某产品1周内新用户留存趋势变化示意图

（4）用户留存率分析方法

对用户留存率数据进行分析时，可以按照获取用户的时间进行分组。例如，1月、1周或单个自然日。图6-13所示为某产品1周内获取到的用户留存数据。

时间	初始用户（首次打开应用）人数	回访用户（任意行为）人数					
		1天后	2天后	3天后	4天后	5天后	6天后
08-23	165						
08-22	163	44 27.0%					
08-21	161	33 20.5%	39 24.2%				
08-20	164	40 24.4%	47 28.7%	40 24.4%			
08-19	159	43 27.0%	32 20.1%	32 20.1%	29 18.2%		
08-18	161	40 24.8%	38 23.6%	30 18.6%	41 25.5%	34 21.1%	
08-17	159	36 22.6%	42 26.4%	37 23.3%	43 27.0%	40 25.2%	39 24.5%

⬇ 导出

图6-13　某产品1周内用户留存数据

图6-13是某网络社区类APP按照用户获取日期进行的一个用户留存情况的分组，从中可以看到具体每一天的用户留存情况。例如，在8月20日这天获得的用户，1天后的留存率是24.4%，2天后留存率是28.7%，3天后留存率是24.4%。

如果想深度挖掘这款网络社区类APP的次日留存率低的原因，只分析此图是不够的，还需要进一步分析用户行为，根据用户登录产品发生的行为，即做过什么事来分析。运营人员通过设置条件来筛选出做某事的用户，然后根据相应的标准进行分析。

比如，某阅读类APP，信息资讯版块是其上一个收费项目，运营人员可以根据用户是否做过"信息资讯"这个事件进一步判断用户的留存情况，如图6-14所示。

图6-14　设置用户行为判断用户留存情况

通常在默认的情况下，系统会将在"任意时间"内触发过"1次以上"的行为作为一个事件，当然，运营人员也可以根据自己需求选择时间范围及触发次数。比如，可以确定为"近30天内查看商品3次以上的用户"，也可以为事件增加"限定条件"；阅读过"社会"类资讯的用户，还可以按用户新增后N天内的方式来选择事件的触发时间，如"在新增后5天内购买商品1次以上的用户"。

如果想筛选出未做某事的用户，可以将触发次数设置为0。没做过某事其实就是在某个时间范围内触发某事的次数等于0。

6.4.2　用户维稳的策略

用户维稳是要讲究策略的，一般来讲可采用以下几种策略。

（1）利用推送设置

推送是维持互联网产品留存率的重要方法之一，但是大多数互联网产品运营人员都没有正确理解推送的意义，也没有建立起提高推送质量的方法。推送如果使用得好，则可以帮助产品有效地提升留存率。但是推送也有技巧，企业可以按照以下3种方法来进行推送。

方法一：给用户一个允许推送的理由

一个人做某件事情是有动机和理由的，用户接受产品的推送信息也一样，也是需要动机和理由的。所以，在希望用户授予推送权限时，一定要给用户一个清晰的理由。用户在第一次打开滴滴出行APP时，弹出窗口提示：你是否允许APP为你推送消息？这个时候的通过率一般都不高。但是如果换一个场景，当用户第一次打开滴滴出行APP时，平台提示，允许弹出窗口，以保证用户在退出APP后依然能收到司机的接单信息。有了这样的场景，这时候被用户允许的概率就会大大提升。

方法二：设置相对固定的时间进行推送

大部分产品广告的推送，运营人员都会设置相对固定的时间。比如，有的在上午8点，有的在中午12点，有的则在晚上8点。这样有利于满足特定用户群的需求，并让用户形成相对稳定的消费习惯。

关于推送时间，企业要根据自己的产品性质、用户特点以及推送消息的具体内容来设置，这样才能提高产品的打开率。

方法三：对推送进行A—B测试和灰度上线

做产品开发的人对A—B测试和灰度上线这两个概念一定不陌生，A—B测试和灰度上线在推送领域也很重要。企业在推送一条消息时，并不确定这条消息的推送率如何。因此，运营人员不妨先向一小部分用户推送，利用A—B测试和灰度上线看看打开率与留存率，然后再做进一步推送。

推送运用得好，无疑能提高用户对产品的打开率。而用户的打开率一旦提高，对产品的内容有了关注，感受到产品的良好体验，其留存率自然能提高。

（2）提高产品优势和直接需求吻合度

在分析目标用户人群时，可以发现一个很重要的影响因素，就是用户的直接需求和企业产品优势之间的吻合度，这个因素和留存率之间有着密不可分的关系。

比如，一个网站经常会遇到自己网站的跳出率居高不下的问题。排除技术方面的问题，跳出率高可以从侧面反映网站登录页的体验感不佳，用户找不到想要的内容，或者没有让用户产生继续了解下去的冲动。用户的直接需求无法得到满足，网站没有发挥出自己的优势，这就说明要针对用户的直接需求优化登录页，以此降低跳出率，这样用户留存率才能得以保证。

用户的直接需求是比较容易满足的，因此，企业在结合自己产品优势的情况下去开发新的功能，满足用户的直接需求，是比较简单且有效的。

在提高产品优势和直接需求吻合度方面，微信一直做得非常好。微信的产品优势是什么？即熟人体系的即时聊天。微信最初的用户来自QQ，他们的基本需求就是即时聊天。但QQ是弱关系，属于陌生人社交。如果要打造强关系，则需要经过自己的多方设置。因此，熟人体系的即时聊天就变成用户直接的强需求。

（3）满足用户的潜在需求

什么是用户的潜在需求？用户对某种事物有明确欲望，但没有呈现出来。而在条件成熟后，或者遇到某个触发点后，这个需求就显现出来。一旦把握住了用户的潜在需求，就能给产品带来巨大的市场。企业需要时刻关注用户的潜在需求，进而采取行之有效的开发措施。

微信的成功就在于它满足了用户的潜在需求。对于即时聊天这个需求，在当时很多产品都能满足，QQ本身在这一点上就做得非常出色。但是QQ偏重PC端的功能，用户移动端的许多潜在需求都没有得到满足。

利用微信进行聊天，最初依靠的是打字，因为打字速度过慢而影响了聊天的体验感。此时我们就希望有一种不用打字就能沟通的方式，就像打电话一样。

微信捕捉到了这个需求，开发了语音功能。用户在习惯使用微信语音功能之后，就想光听声音好单调，如果能看见人就好了。这个需求在当时只有PC端的QQ能满足。

微信捕捉到了这个潜在需求，把QQ的视频功能发展到微信上，用户拿着手机就可以与好友随时随地视频聊天。

6.5 用户运营第四阶段：促活

促活，顾名思义是促进用户的活跃度。因为仅仅留住用户是没用的，如果不进行适当的促活，参与性不高的话，早晚还是会失去用户，产品无法持续变现。因此，促活在用户运营中的地位显得格外重要，是让产品创造好的效益的重要条件。

6.5.1 用户活跃度的定义与分析

不同互联网产品对用户活跃度的要求不一样、衡量标准也不同。例如，搜索引擎类产品，通常以点击量为准，点击一次就认为活跃度+1；社群类产品，点一次赞或发布一篇有意义的帖子则可视为活跃度+1；而对于电商平台类产品，有至少一次购买行为或把商品放进购物车的用户可以被视为活跃用户。

可见，衡量用户活跃度并无明确的标准。那么，该如何确定用户活跃度呢？换句话讲，就是什么样的用户才能称得上是活跃用户呢？对此，可以结合以下两个指标进行分析。

（1）活跃率

衡量用户活跃度的指标有两个，一个是活跃用户数，另一个是用户活跃率。

活跃用户数看的是市场体量，活跃率看的是产品健康度，衡量的是某一时间段内活跃用户占总用户量的比例。其实，很多时候单纯地看活跃用户数没有太大意义，而应该看比例或比率，即用户活跃率。

以一款新产品6个月内的活跃（假设）数据为例，具体如表6-1所列。

表6-1 某新产品6个月内的活跃（假设）数据

月份	1月	2月	3月	4月	5月	6月
活跃用户数/人	100	200	300	500	800	1000

这些数字除了显示活跃用户数在上升外，没有任何意义，但如果结合用户活跃率看，则可明确6个月内的用户变化趋势。比如，1月份用户总量为500人，并以每月100%的速度增长，增速远远高于活跃用户数增长量。因此，可以判断出用户活跃率是在逐步降低的，具体数据、趋势变化如表6-2、图6-15所示，这对产品的长期维稳来讲可不是好现象。

表6-2 某产品用户活跃度数据

月份	1月	2月	3月	4月	5月	6月
活跃用户数/人	100	200	300	500	800	1000
用户总量/人	500	1000	2000	4000	8000	16000
活跃率/%	20	20	15	12.5	10	6.25

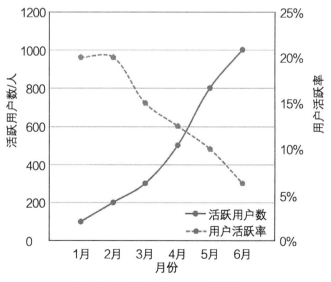

图6-15 活跃用户数与用户活跃率对比

这也充分说明，即使活跃用户数在不断增长，也不代表产品一定会向良好的、健康的方向发展。

活跃用户数按照时间维度，可分为月活跃用户数、周活跃用户数和日活跃用户数。按照时间维度分析用户活跃率，可以分为日活跃用户数（DAU）、周活跃用户数（WAU）、月活跃用户数（MAU），如图6-16所示。

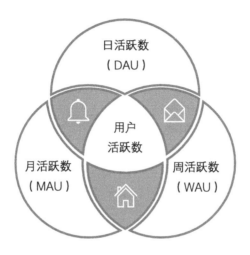

图6-16　用户活跃数的3个类型

（2）新增用户数

这个指标是从新、老用户的角度去分析的。对于互联网产品而言，新、老用户是两个完全不同的群体，一个产品的用户活跃度如何？重点要看老用户，因为新用户是否活跃是由渠道决定的，很大一部分新用户虽然注册过，但不一定继续使用，故不一定是活跃用户。而老用户是否活跃才是由产品和运营来决定的，经过时间沉淀的老用户很大一部分肯定不再活跃，如果仍能保持极高的活跃度，则说明该产品的用户活跃度一定非常高。

因此，在计算用户活跃度时需要区分计算，分别计算各自的活跃率。以某产品用户月活跃度为例，具体如表6-3所列。

表6-3　某产品用户月活跃度数据

月份	1月	2月	3月	4月	5月	6月
新用户活跃数/人	100	200	300	500	800	1000
老用户活跃数/人	50	100	200	300	500	600

续表

用户总量/人	500	1000	2000	4000	5000	6000
新增用户数/人	250	500	800	2000	3000	4000
新用户活跃率[1]/%	100	100	100	100	100	100
老用户活跃率[2]/%	20	20	16.7	15	25	30
总活跃率[3]/%	20	20	15	12.5	16	16.7

[1] 新用户活跃率统一视为100%（即为注册用户数）。

[2] 老用户活跃率=老用户活跃数（人）/［用户总量（人）－新增用户数（人）］×100%。

[3] 总活跃率=活跃用户数（人）/用户总量（人）×100%。

表6-3中数据显示，该产品总活跃率较低，但老用户活跃率还是有所提升，客户流失并没有表面上看起来那么糟糕。不过，由于在产品早期、渠道投入资源推广或病毒传播后，新增用户数量暴涨，总用户量随之增多，在老用户数相对不变的前提下，总活跃率就会被拉低，给人以活跃度不高的"假象"。

从这个角度看，在判断用户活跃度时不能只看总活跃率，而要拆分开来分析老用户活跃率，老用户活跃率比总活跃率更可靠，更能反映出用户活跃度的真实情况。

6.5.2 用户促活的方法

对于互联网产品来说，促活最有效的方法是信息投放、产品创新和创建社群。信息投放是为了了解用户生命周期，根据新需求进行信息更新；产品创新是为了不断完善功能，满足用户不断变化的新需求；创建社群，即通过构建社群来对用户进行集中管理，是对用户集中运营的好办法。

（1）了解用户生命周期，根据新需求进行信息投放

用户的生命周期大致分为3个，分别是潜在用户期、活跃用户期、沉默用户期，不同的用户期用户需求不同，对信息的接受也有所不同。因此，对于不同生命周期的用户，运营人员需要有针对性地进行信息投放。对于潜在期用户要投放促活性信息，对活跃期用户要注重激励性信息，对沉默期用户要投放关怀性信息。

信息是产品和用户交流的一个重要方式，对信息的投放要做到足够精细。大多数成功的产品都有一个私密的一对一端口，在进行营销时一定是"我和你"的沟通。当用户感觉到产品和他是以朋友的关系在单独交流时，才会提高对产品的黏性，而这对于用户活跃度的提高作用巨大。

比如，京东就是针对用户一对一来投放信息的。京东会针对用户在平台上的浏览、购买记录，定期给用户发送促销信息。如果用户浏览和购买电子类产品比较多，京东就会定期给这部分用户发送电子类产品促销方面的信息；如果用户浏览和购买图书的行为比较频繁，京东就会定期给这部分用户发送图书促销方面的信息。

（2）不断完善功能，满足用户不断变化的新需求

产品要想获得成功，除了要有原有功能外，还需要不断优化和创新，追求新、奇、特是互联网用户的一大特性，是人的本性，当用户长时间使用一成不变的产品时就会产生厌烦的情绪，甚至拒绝使用。如果想让用户长久地使用该产品，就要让用户看到不断创新之处，经常体验到产品带来的新鲜感。

在实现这一点上，企业可以通过开发一些附加功能来实现。创新不需要改变产品架构和主要功能，往往只需从细节入手，便可收到较大的效果，增加用户活跃度，尤其是老用户。

美图秀秀在这点上就做得非常好，它经常会更新一些滤镜画面，趣玩LOMO、格调生活、艺术风情，每增加一项都会引发用户的好奇心，吸引用户试一试新功能的效果。

（3）创建社群，通过构建社群对用户进行集中管理

社群管理适用于低频消费行业，目的是做潜在用户的培养和留存。比如，与汽车、房产、美容、旅行等有关的互联网产品，用户从注册到产生需求往往需要较长的周期，因此，需要先把这些准客户圈起来，慢慢培养。

做这些潜在用户的留存，可以用QQ群、微信群、微信公众号以及贴吧等自媒体平台，基于用户兴趣，为用户提供有价值的内容。

某培训师微推广自己的培训课程，常常开设线下私房课，同时也配合线上社群营销，即让每位购买了线下课程的用户加入自己组建的QQ群，并定期分享课程答疑，与学员建立起更紧密的联系，从而获得更多的二次营销机会，提升用户转化率与重复购买率。

有了明确的社群运营目的，就会知道选择什么样的方式去吸引用户加入社群，社群里的聊天内容哪些对产品来说才是有效的输出，甚至知道什么时候应该解散社群。也就是说，当你明确了社群的运营目的，才是真正地在做社群运营，不然就只是在管理社群。

需要注意的是，当用户社群达到一定数量，社群管理就需要有一个连接点，这个连接点可以是公众号，也可以是企业APP，这样就可以达到以社群养公众

号，从讨论中选出优质的内容，以公众号辅助社群的效果。

6.6 用户运营最该关心的8个细节

运营人员在做用户运营时，除了坚持用户至上的原则外，还要做好每个细节。每个细节都是坚持以用户为导向的具体体现，只有做好这些细节，才能真正将用户运营做到极致。

这些细节包括8个方面，具体内容如下。

（1）用户体验

产品的技术含量较高，可能会对用户形成使用门槛。因此，应该重视用户体验，避免将复杂技术呈现在用户体验上，而是将复杂技术融于简单的用户体验中。互联网企业对用户体验的重视，贯穿产品诞生与发展的全流程，良好的用户体验可以造就良好的口碑。在互联网时代，信息一天24小时不间断传播。一个好的用户产品，如果超出了用户预期，一天之内可以传遍全世界。前提是产品体验要好到一定程度，好到让用户愿意在网上说出来，愿意与朋友甚至是不认识的人分享。

（2）用户利益

将用户利益放在股东的利益或者公司利益之上。越是用户在意的问题，就越可能成为产品突破的缺口，即用户的痛点可以成为产品改进的另一个契机。例如，手机上网流量费高，不仅是手机用户非常在意的问题，也是技术难以突破的问题。UC手机浏览器并没有就此放弃，而是投入了长期的研究，最终坐稳了手机浏览器的头把交椅。

（3）用户需求

每一个产品经理一定要是一个在该领域造诣很高的用户，他不但对自己的产品非常熟悉，而且对竞争对手的产品都了如指掌。企业在不断推出自己新业务的时候，除了要关注自身的成长，同时一定要牢记所做的事情是为帮助用户解决他们的问题。这也是企业要不断做市场调研，了解目标受众和用户的重要原因。不去了解用户需求，就可能导致花费大量人力、物力后，所做的广告却没有人去看，用户购买产品后无法获取其对产品的看法，导致不能及时调整产品及营销策略。

（4）用户轨迹

互联网企业从诞生的第一天起，就利用这个优势不断积累用户的行为习惯。互联网企业后台系统积累的大量数据，如用户点击了什么网页、对什么感兴趣等，互联网企业分析、利用这些数据，可以为用户提供更智能的服务。积累用户行为习惯，使互联网公司的产品更精准地满足用户需求，使客户投放的广告更为直接有效。

（5）用户网络

在社交平台上，每个用户的声音都是重要的，无论这个声音是正面的还是负面的。用户可以利用社交平台进行传播，把他们对企业和产品的感受及印象分享给更多的朋友。企业应在社交平台上维护好自己的品牌和用户网络。卓越的用户服务是用户忠诚度的关键，而社交平台则是一种有效的连接和沟通工具，也是企业向用户提供服务的重要渠道。所以，企业一定要建立和维护好自己的社交网络，让社交网络成为企业和用户沟通的桥梁。

（6）用户情感

如果在宣传中，关于产品或者企业的信息过多，用户也会疲于接受。如果能根据时间段，每天发布富有哲理性或者能符合用户生活、心理状态等的微博文字，也能获得很多人的关注。往往一句有用的话，就能吸引读者，从而产生情感上的共鸣，得以获得众多忠实的粉丝。更新频率每天5~10条为宜，且不要在短时间内连续发布多条，以在用户时间比较充裕和心情比较放松的时间段发布为宜。

（7）用户满意

判断一个产品和服务是好还是不好的唯一标准是用户满意度，就是有多少用户喜欢产品。项目经理（PM）和项目组无法及时准确地捕捉到用户的需求，无法代表庞大的网民用户。一个群体往往难以了解另外一部分群体的想法。例如，用男人的思维无法运营以年轻女性为主的社群，用大学生思维无法运营职场人士社群。因此，做到用户满意并不能仅仅停留在测试中，也不能停留在一部分群体的反馈中，而应该尽量覆盖所有用户类别。

（8）用户定位

开发一个新产品的初期，其实是难以获取用户需求的，因为用户也许根本都不知道自己的需求，不知道新产品是什么样子。正如苹果公司推出的每个产品都是超出用户想象的，好的产品经理应该具备帮助用户定位的能力。

产品经理的责任就是怀着信仰去设计一个产品，去决定颜色是用蓝的还是用红的、字号该用大的还是小的、图片是该放左边还是右边。产品经理心中一定要对产品有非常清晰的定位，如产品到底是什么，能为用户解决什么样的问题，痛点是什么，这些问题最好能够用简短的语言描述出来，形成方案，列入计划，当作产品设计的依据。

第 **7** 章

数据运营：
数据使整个运营更精准、更精细

大数据的价值在于用数据来驱动决策，让决策变得合理，避免运营人员因一些主观的、片面的，或认知偏见等因素做出错误决定。尤其是在网络技术异常发达的今天，数据应成为产品管理、推广、营销必不可少的依据。

7.1 数据：运营领域未开发的"金矿"

大数据时代人人都在讲数据，希望事事用数据说话。尽管数据化早已不是什么新鲜事，但仍有不少运营人员并没有真正运用好这件"武器"。数据会让运营产生更大的商业价值，在产品管理、推广、营销中起到至关重要的作用。

7.1.1 数据：互联网产品运营新掘金点

市场需求和用户需求的变化，已使得以往那种粗放式的产品运营模式不再适应新时代，服务和用户体验远远落后。为此，不少运营者开始寻找新的运营方式，如精细化运营。但如何从粗放式运营向精细化运营过渡呢？其中一个方法就是依靠大数据。通过大数据为运营提供科学、合理的分析，让产品管理更规范，广告投放更精准。

精细化运营就一定要用到大数据，数据是反映产品和用户状态最真实的一种资源。数据可以辅助运营决策，驱动业务增长、产品迭代、产品优化，从而帮助企业在激烈竞争中杀出一条血路。比如，精细化运营一个重要内容是对目标用户进行定位和分析，而性别比、年龄段、所处地域、收入及其购买力等数据则可以直接提供重要依据，从而让运营者直接看清用户画像。

除此之外，大数据还可以进行更多的精细化管理，经总结发现，大数据对产品精细化运营的价值主要表现在以下3个方面，具体如图7-1所示。

帮助运营人员了解用户从哪儿来

数据直接体现用户的来源，比如用户源于微博、微信、论坛，还是门户网站，从而可以帮助运营人员发现哪个渠道更有吸引用户的潜力，需要在哪些渠道调整运营策略

帮助运营人员了解用户在关注什么

数据可以体现用户的关注点，比如，通过分析用户点击了哪些产品、参与讨论过哪些话题，可以帮助运营人员找到用户的兴趣点

帮助运营人员分析用户特征，进行用户管理

数据可以体现用户特征，是新用户还是老用户，便于运营人员在进行精细化运营时掌握用户生命周期，对用户进行更好的管理，以及对不同用户采用不同的管理方法

图7-1　大数据对产品精细化运营的价值

7.1.2　大数据的特征

大数据时代正在到来，大数据是互联网时代的核心资源，那么，什么是大数据呢？该如何来理解大数据呢？让我们先从它的起源说起。"大数据"一词最早出现于维克托·迈尔-舍恩伯格、肯尼思·库克耶合著的《大数据时代》。维克托·迈尔-舍恩伯格是大数据的提出者和实践者，曾被誉为"大数据商业应用第一人"，他先后在哈佛大学、牛津大学、耶鲁大学和新加坡国立大学等多个大学任教。2010年，他在著名的杂志《经济学人》上发布了一篇长达14页的大数据应用研究论文，成为最早洞见大数据发展趋势的科学家之一，所著《大数据时代》也是研究大数据的先河之作。

所谓大数据又称巨量资料，是指经过搜集，并形成具有强决策力、洞察力和流程优化能力的海量、高增长率和多样化的信息资产。大数据一般有4个特点，具体如图7-2所示。

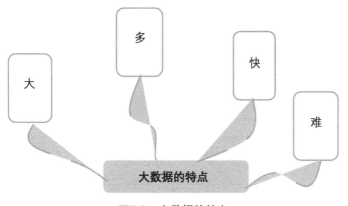

图7-2　大数据的特点

（1）大

大数据量非常大，因为只有量足够大，才能进行有效的分析，从中总结出规律。

（2）多

数据来自各种数据源，其种类和格式日渐丰富，已突破以前所限定的结构化数据范畴，囊括了半结构化和非结构化数据。

（3）**快**

数据处理速度非常快，即使在数据量非常庞大的情况下，也能够做到数据的实时处理。

（4）**难**

要想获得大数据的真实性和安全性，需要运用很多复杂的计算和先进的技术辅助，如数据的搜集、提取和分析，没有一个完善的渠道和科学的分析方法是很难完成的。

正因为大数据具有以上4个特点，才被广泛运用于各个领域，随着涉及范围越来越广泛，我们每个人每天都能从中获取有价值的信息。

7.2 认识数据：大数据运营概念和价值

7.2.1 什么是大数据运营

数据不仅仅是那些阿拉伯数字，它的意义在于其背后那些"因"与"果"。所以，数据首先是一个逻辑思维，种什么样的"因"，才能得到什么样的"果"。那么该如何理解这种逻辑关系呢？这就要依赖于运营了。数据是"果"，而之前运营工作是"因"，我们要改变"果"，就先要改变"因"。

接下来，我们可以先通过一个通俗易懂的实例来理解所谓的数据运营。

案例 ❶

几乎每个人都到医院做过体检，体检完之后会拿到一张体检报告单，上面有各种数据。医生会看这些体检数据，并与合格的数据进行对比，之后就会明确，患者哪些部位健康，哪些部位比较差，哪些部位有病症。然后，医生会对比较差、有病症的部位对症下药。经过一段时间的治疗，身体上的那些部位得到了康复。

现在来分析以上步骤与数据运营的对应关系，如表7-1所列。

表7-1　体检步骤与数据运营的对应关系

体检步骤	数据运营
决定去做体检	数据运营工作开始
选择体检项目，并明确体检内容	数据规划
拿到体检报告	数据采集
体检表上所有的数据	数据模型构建
医生通过对比发现了较差、有病的部位，并提出了改善方法	数据分析
通过医生的方法最终使整个身体体质得到改善	方法驱动
通过这一次的体检，被体检者达到以下目的： ① 知道了自己身体目前的状况 ② 知道了自己身体部位哪些是好的，哪些是差的 ③ 使自己对身上某个器官有更深入的了解 ④ 能帮助自己找到改善的方法 ⑤ 最终让身体变得更健康	数据运营工作结束

假如把"身体"换成"企业"，数据运营的目的、思路马上就变得清晰了。数据运营的目的就是告诉运营人员公司当前状况、哪些工作是健康的，哪些工作存在问题。可让运营人员对公司有更深入的了解并找到改善方法，最终让公司向正规方向发展。

从体检这个案例中可以归纳出数据运营大致有3个基本步骤，如图7-3所示。

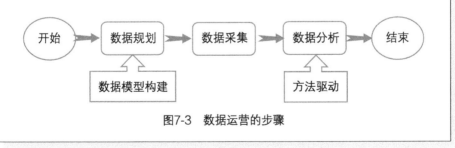

图7-3　数据运营的步骤

可见，大数据要想实现其价值，必须搞清因果关系。所谓数据运营，就是根据因果关系，对数据规划、搜集、整理、分析和运用等一系列运作的过程。这也构成了数据运营的基本步骤，即数据规划、数据采集与数据分析。

7.2.1.1　数据规划

数据规划是数据运营的第一步，也是最核心的步骤。规划是否合理，是否精准，直接影响整个数据运营的效果。

所谓数据规划，是根据业务部门对数据的需求，先搭建数据体系，然后根据体系有针对性地进行搜集。换句话说，数据规划就是要搞清楚业务部门"想要什么"。

案例 ❷

　　一个从事汽车相关服务的网站在对产品做精细化运营时，就先对数据进行了规划，并认真搭建数据模型。数据模型大致包括3个部分，即用户画像、关联分析和实时监控，如图7-4所示。

图7-4　某公司数据模型搭建框架

　　通过用户画像确定目标用户，逐渐压缩产品和服务范围，从而为用户提供更精准的产品和服务。

　　通过关联分析会衍生出关联产品，从而帮助企业进行关联推荐，形成一个完整的产品体系。例如，30%的用户在买车时可能会买一个车体包，那么据此就可以进行关联品生产，为用户生产定制车体包。

　　通过实时监控建立数据实时监控系统。监测用户进入网站的高峰期是什么时候，是中午12点还是下午5点，或者晚上9点；然后，根据时间点来对用户进行广告推广。除此之外，还可以查看近日用户浏览次数最多的是什么产品，并将该产品作为下一阶段的重点推广产品，或起到辅助作用的关联产品。

数据规划很好地保障了数据质量，提升了数据运营效果，也可以让数据充分为产品服务。不过，不同的产品在做精细化运营时需要的数据不同，不同的数据就形成了数据体系。在具体规划时需要先根据需求搭建一个数据体系，然后再在此基础上搜集与分析。数据体系大致包括两个方面，即指标数据体系和维度数据体系，如图7-5所示。

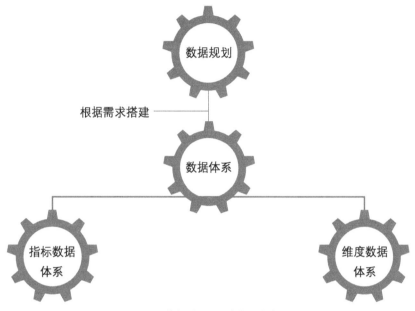

图7-5　数据体系包括的两个方面

第一个是指标数据体系，比如，UV/DAU/销售金额，这类数据多来自具体的业务需求，需要从需求中归纳事件，从事件中提炼对应指标；第二个是维度数据体系，是指对指标进行细分的属性，记录对指标可能产生影响的各个层面。

7.2.1.2　数据采集

数据采集是指通过一定的方法采集相关数据，并对采集到的数据进行整理、归档，形成数据报表。

互联网产品数据最常用的采集方法是埋点，也叫数据埋点。具体方法是指数据分析师，基于业务需求、用户需求，对用户行为每个事件对应的位置进行开发埋点，并通过软件开发工具包（SDK）上报埋点的数据结果，记录数据，汇总后进行分析，推动产品优化或指导运营。

这种方法相对比较简单，可以在网页、APP中直接添加数据代码，形成"事件"进而采集。比如，采集APP的打开率数据，可以设置"曝光事件"埋点，凡用户成功打开页面一次记一次，无论美食、电影版块还是酒店、KTV版块，打开任意一个版块都会记作一次打开率，如图7-6所示。再比如，采集APP中的点击量数据，就可以设置"点击事件"埋点，用户点击按钮即算点击事件，无论点击后有无结果都会有记录；点击一次记一次，如图7-7方框标注内容所示。

图7-6　"曝光事件"埋点　　图7-7　"点击事件"埋点

这种方法的优势在于精准度非常高，用户行为每个维度的数据都可以搜集到，如可以精准地采集用户信息。劣势在于工作量大、技术难度高、成本高，中小产品通常很难负荷。

中小产品有中小产品的数据采集法，如问卷调查法、用户访谈法、页面反馈法、设立其他反馈渠道等，这些方法虽然工作量大，对运营人员的耐力、耐心、体力有更大的考验，但可最大限度地避开技术壁垒，用最小的投入获得最大的收益。现对这几种常用方法进行一一阐述。

（1）问卷调查

问卷调查是最常用的数据采集法。所谓问卷调查，是指运营人员事先设计好一些针对性比较强的问题，通过互联网、电话或纸张形式大面积铺放，最后将问卷回收，导出特定的信息。这种方法由于被调查对象极不确定，数据的有效性也非常差。为此，在采用问卷调查这种方法时有3个事项需要特别注意，如图7-8所示。

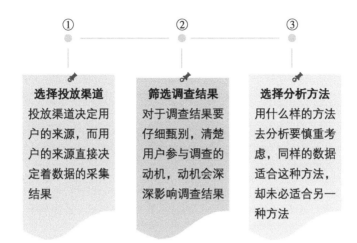

图7-8　问卷调查法注意事项

（2）用户访谈

用户访谈也叫个人采访，运营人员或企业代表邀请重度用户，并向其提出一些问题，然后由用户回答。用户访谈的形式有很多种，现如今主流做法采用的是新媒体、自媒体访谈，例如直播访谈、QQ访谈等。与问卷调查相比，用户访谈更容易激发用户响应，不过，这种方法对被访谈对象要求较高，如果对方对企业、产品认识不够，体验不深，则很难获得有用的数据。

（3）页面反馈

页面反馈是指在产品页面中设置一个反馈渠道，用户对产品有什么要求或建议可以直接通过反馈渠道进行反馈。但是这种方法很被动，倘若没有好的鼓励措施，用户很少主动参与其中。

（4）设立其他反馈渠道

设立其他反馈渠道，如论坛，其中小米论坛、魅族论坛就是典型代表，这是最有效的方法。可以通过用户带动用户，这样用户的积极性比较高。还可以邀请一些资深用户、发烧级用户加入论坛，这些用户一般都愿意反馈自己的意见。

7.2.1.3　数据分析

数据分析是指通过数据挖掘、数据模型构建等方式，对各项数据进行深入分析，并提供数据分析报告的一个过程。其目的是明确产品中存在的问题，找到真正的解决方案。对互联网产品而言，常用的数据分析方法有8种，具体如表7-2所列。

表7-2　常用的数据分析方法

方法名称	方法介绍
流量标记	是指在投放目标（一般指广告投放、广告推广）中，设置监测参数，以达到数据分析的一种方法。例如，网页访问来源、APP下载渠道等多采用这种方法
趋势分析	是指在通过对业务指标监测的基础上，研究用户行为规律和趋势的一种方法。从规律和趋势中预测判断，发现问题、定位问题、得出结论，并思考为什么这样
维度拆解	是指对某个业务指标进行多维度的拆解，以进行更深入分析的一种方法。例如，分析流量指标，可从广告来源、地区、操作系统等维度拆解，以更好地观察哪类用户比重更多，价值更大
转化漏斗	是指以可视化的方式将转化路径每一步展示出来的方法，如柱状图、折线图、饼图、雷达图等。这种方法尤适用于网站、APP等互联网产品某些关键路径的转化率的分析，以确定整个流程的设计是否合理，各步骤的优劣，是否存在优化的空间等
用户分群	是指对用户进行分组的一种分析方法，按照不同标准对用户进行细分，以达到精准营销的目的
留存分析	是对用户留存差异进行分析的一种方法。一个产品中，不同用户群留存有很大差异，进行留存分析的目的是寻找用户增长点，探索用户、产品与回访之间的关联度
用户细查	即用户研究，是指观察用户行为轨迹，探索用户与产品的交互过程，从中发现问题，激发灵感
热力图	用高亮颜色展示用户访问偏好，这种方法多用于优化网站或页面布局，提高转化率上

7.2.2　大数据对运营的驱动作用

大数据对互联网产品的运营有着极其重要的驱动作用，可以说，与产品有关的每项决策都需要大数据来支撑。那么，大数据是如何驱动运营工作的呢？主要体现在4个方面，如图7-9所示。

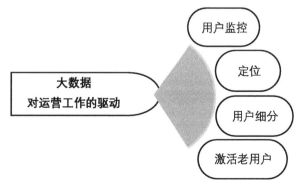

图7-9　大数据对运营工作的驱动

当然，这并不是大数据对运营的所有驱动作用。这种驱动作用是多层次、分阶段体现的。任何数据都有一个从大到小、从泛到精的过程，初期的大数据是复杂的、多样性的，需要转换成可读、可用、可决策的小而精的数据。小数据针对性更强，主要是针对目标用户，大多数可直接使用。

因此，大多数情况下，大数据负责用户监控和定位问题，小数据负责用户细分和激活老用户问题。

（1）用户监控

大数据对运营的监控十分重要，传统的监控大多是靠运营人员的经验或主观判断，因而经常出现失误事件。而依靠大数据监控则可以大大减少因主观判断而导致决策失误，通过大数据搜集、分析，建立数据模型，可以精准反映问题、发现问题、定位问题。对监控运营工作起到辅助的作用，可为运营人员提供更多确凿的依据。

（2）定位

通过大数据分析可以实现问题的精准定位，数据运营依靠的是大数据分析技术。而大数据分析技术最重要的一个作用是定位问题、发现问题，进而解决问题。

比如，做投资需要先定位投资平台和产品，哪个最好的平台？如何才能选择好投资产品？如何获取最大限度的利润？可以先对相关数据进行搜集和分析，根据最终结果进行选择。

精准定位是做任何决策的关键所在，大数据通过细致的分析，建立数据模型，帮助使用者准确定位自己、定位市场、定位用户，然后在此基础上开发产品，实施有针对性的投放。

（3）用户细分

小数据有利于运营人员对目标用户进行细分。数据在被广泛应用之前，互联网产品运营模式大多是一对多，尤其是用户较多的产品，工作量非常庞大，致使运营人员无法准确判断运营方式能否充分满足用户需求。而随着数据分析技术的出现，用户数据得到了广泛认可，很多运营人员在实践中特别注重用户数据积累，尤其是新用户数据。依靠这些数据就可以对目标用户进行分类，对潜在客户进行挖掘，并依据用户需求进行有针对性的运营，满足不同用户的需求。

（4）激活老用户

如果运营只重视新用户，没有兼顾老用户的话，那对产品的可持续发展是非常不利的。如今，为什么很多互联网产品非常"短命"？原因就在于老用户流失率高。互联网产品对老用户依赖非常高，老用户被认为是互联网产品中最重要的资源，对其进行激活对延长产品生命周期非常关键。

但是，如何激活老用户、如何与老用户进行更有效的沟通，几乎是让每个运营人员头疼的问题。大数据可以有效激活老用户，可以对用户生命周期进行管理与挖掘，对不同生命周期的用户进行标签化管理，能及时把相关运营信息推送给不同时段的用户。

7.2.3 大数据是如何驱动运营的

很多运营人员，特别是一些新手，在做运营时会感到数据太多，无从下手，其实并没有想象的那么复杂。数据运营虽然是项极为庞大的工作，需要运用统计学、数据库技术、编程技术等，但就互联网产品业务体系而言还是比较简单的。主要体现在以下两个方面。

（1）数据规划

数据规划是做好数据运营的一个重要前提性工作，科学、合理的规划可以提高数据运营的效率和精准度。

比如，在做数据运营之前，通过对运营工作的规划，发现数据主要集中在何层面。比如，主要集中在用户运营上，那么，运营人员就可以重点搜集、观察用户层面的数据，观察其变化情况，尤其是访客数、留存率、活跃度等重要指标。

有了这样的分析，运营人员只需重点围绕所需的数据来做，从而抓住了工作重点，避免不必要的干扰。

大数据最显著的特点就是"大"。大的含义就是指数据量大、维度多。其实，经过一番数据规划之后则可以简化很多，也可从繁杂的数据中理出头绪来。

（2）注意方式、方法

数据分析是一项逐步下沉的工作，即随着数据量的增大和维度的不断拆解，可以无限制地细化。比如，区域维度数据，可以按照省→市→县及更小区域拆分；时间维度数据，可以按照小时→分钟→秒拆分；人群维度数据，可以按照性别→职业→年龄拆分。经过这样的拆分就可以得到一条极其精细化的用户画像信息，如图7-10所示。

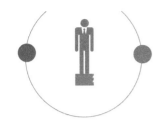

某天某时某分，某省某市某县，一位30岁左右的男性医生，通过iPhone 8手机注册成为我们的用户。

图7-10　数据分析所得出的用户画像

可见，只要做好数据规划，掌握必要的分析方法，做好数据运营工作并不难。那么，具体该如何做呢？可按照以下4个步骤进行。

第1步：找到最顶层的核心指标数据

最顶层的核心指标代表着一个企业的总战略，决定着所有的运营工作能否多快好省地达到预定目标。那么，该如何确定最顶层的核心指标呢？这就需要对企业发展阶段、产品属性进行分析。

案例 ❸

对绝大部分互联网企业而言，衡量一个产品是否符合用户的需求，需要看四项指标，分别为用户量、每用户平均收入、留存率、用户活跃度。

首先看用户量和每用户平均收入。用户量是指使用该产品的用户数量，每用户平均收入即单客利润。

然后再进一步看留存率和用户活跃度。因为除电商类产品可以直接从拉新到转化一步打通外，大部分产品在转化之前需要做留存和促活两步。因此，留存率和用户活跃度（一般用日活跃数做标准，简称DAU）这两项指标也往往是用户数据分析中的顶层核心指标。

经过这样的分析就基本可以确定，用户量、留存率、用户活跃度、每用户平均收入是4个最顶层的核心指标，在分析用户数据时必须重点分析。

第2步：根据运营阶段确定唯一的顶层核心指标

虽然每个数据维度下都可以确定多个顶层指标，但由于运营阶段不同，分析侧重点不同，往往只能选一个指标。

仍以上面用户数据分析为例，当确定用户量、留存率、用户活跃度、每用户平均收入这4个最顶层的核心指标时，同时也必须结合运营阶段（行业、模式、背后的资本支持等），在这4个指标里面选出一个最优者。

比如，运营初期以用户量为核心指标，中期则应选留存率或用户活跃度，后期就应选每用户平均收入。

第3步：围绕顶层指标逐步延伸

顶层指标是最核心的指标，但并不意味着只有这几个就够了，如果只是单一地看这四个指标的话难免有失偏颇。因此，在确定用户量、留存率、用户活跃度、每用户平均收入这4个指标为顶层指标的前提下，还需要围绕这些重要指标做适当延伸，挖掘更多的数据信息。

比如，在对用户量这个顶层指标进行分析时，同时也要对这些用户的来源渠道进行分析。因为用户是通过不同渠道获得的，而渠道的来源又有很多，包括内部渠道、外部渠道；免费渠道、收费渠道；线上渠道、线下渠道；等等。分析这些渠道数据有利于对渠道进行优化，达到低成本、大流量获取用户的目的。

如果发现通过自有渠道获得的用户较多，那么，就可以将其分别分解成以下两个指标进一步分析。这两个数据分别为访客数（UV）、新用户转化率（新用户转化率=本次新增用户数/ UV）。如渠道成本较大，还必然要多考虑一个指标：新用户获取成本。具体案例如图7-11所示。

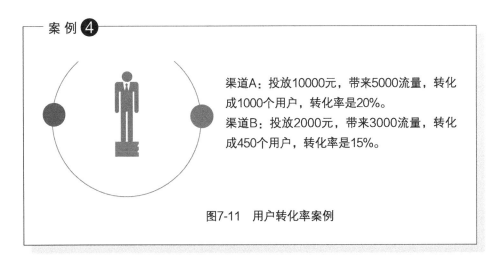

案例 ❹

渠道A：投放10000元，带来5000流量，转化成1000个用户，转化率是20%。

渠道B：投放2000元，带来3000流量，转化成450个用户，转化率是15%。

图7-11　用户转化率案例

从以上数据来看，尽管渠道B在流量、转化率各方面都低于渠道A，但大多数运营人员一定会优先选择渠道B，因为渠道B新用户获取成本比较低。

当然，不能仅仅以新用户获取成本来判断一个渠道的好坏，还要综合考虑这些用户后期的留存率和用户活跃度的情况。这样，在这个环节中又多了三个核心指标：UV、新用户转化率、新用户获取成本。

第4步：根据实际需求再继续拆分和细化

前3步几乎是任何企业在做数据运营时按部就班要做的，而这一步可以说就没什么硬性要求了。完全根据不同行业、不同企业、不同阶段等实际情况而定，具体内容如表7-3所列。

表7-3　数据运营的阶段及其指标拆分

数据运营阶段	数据指标拆分
新用户注册	可以分为引导页转化率、注册页转化率、完成页转化率等
渠道分析	可以根据渠道类型（CPM、CPC、CPA）再拆分为到达率、点击率等
用户流失率分析	可以分为付费前流失率、付费后流失率等
用户活跃率分析	可以根据设定的活跃标准分为轻度、中度、重度活跃率等
交易成交	可以分为收藏转化率、订单转化率、成交转化率等

此外，还可以根据时间维度、区域维度、设备维度、用户维度等不同维度，进行拆分和细化。为了更好地理解指标数据的拆分和细化，现将一些顶层核心数据指标列出来，如图7-12所示。

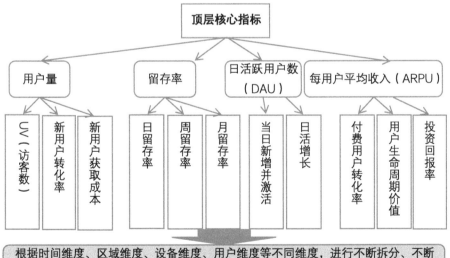

图7-12　顶层核心指标

之所以将以上数据指标单独进行解释，是因为这些指标直接关系着产品的生死存亡，每个指标都是数据运营体系中不可缺少的。

7.3 数据体系：互联网产品运营的3组数据体系

互联网产品中的数据运营通常是以体系存在的，做数据运营的重要前提，就是要明确数据隶属于什么体系，以及每组数据背后的含义。互联网产品的数据体系通常分为3组，分别为运营类数据体系、搜索类数据体系和营销类数据体系。

7.3.1 第一组：运营类数据体系

运营类数据是指产品在运营过程中产生的数据，如用户量、访客数、留存率、访问次数、页面停留时间、跳出率、交互率、转化率等数据通常是互联网产品运营过程中必不可少的。

7.3.1.1 用户量

用户量也叫用户数，在互联网产品中一般是指使用产品（桌面应用程序、网站等）的用户数量。它是衡量产品市场份额的一个重要指标，也是衡量一个产品价值大小、盈利能力大小的主要依据之一。

从用户性质来看，该指标可分为3种，分别为注册用户量、在线用户量、并发用户量，如图7-13所示。

图7-13 用户量指标的3种类型

（1）注册用户量

注册用户量是指产品截至某一时刻所拥有的已注册用户总量。通常意义上，用户量如果没有特别说明，大多指注册用户量。

（2）在线用户量

在线用户量也叫活跃用户数，是指某款软件系统在某一时间段所拥有的正在使用此系统的注册用户量。与在线用户量相反的概念是离线用户量，因此，在线用户量+离线用户量=注册用户量。

（3）并发用户量

并发用户量是指在同一时刻与服务器进行了交互的在线用户量。这类用户的最大特征是与产品产生了深层交互，这种交互既可以是单向的数据传输，也可以是双向的数据传输。与并发用户量相反的概念是非并发用户量，并发用户量+非并发用户量=在线用户量。

7.3.1.2 访客数

访客数（UV）是指产品每天的用户访问量。关注访客数可以让运营人员了解用户活跃度及新增用户量。如果新增用户量减少，运营人员就需要考虑做一些拉新活动。

提到访客数，另一个相关数据必须解释一下：IP数。两者同是由访客而产生的数据，在很多时候IP数会大于访客数，这是因为IP数是绝对的，访客数则要以储存在用户本地终端上的数据（cookie）为依据进行判断，而每款产品的cookie存在明显差异，重复概率也比较小。

例如，家庭电脑大多用的是动态IP地址，一天可能登录好几次，但实际访客数还是一个。因此会出现IP数大于访客数的情况。

7.3.1.3 留存率

留存率是指一个新用户在使用过一段时间产品后，仍然留下来的用户与总用户的比例。由于留存率是一个线性概念，我们常常从时间维度对它进行分解，因此，又会多出三个常用的核心指标：日留存率、周留存率、月留存率。

大多数情况下，运营者看月留存率就够了，日留存率和周留存率只针对一些使用频率较高的产品。

7.3.1.4　活跃度

人们对活跃度没有一个明确的界定，它常常与产品使用频率有关。例如，旅游APP，典型的低频产品，大部分用户只有在想旅游时才会使用，而一些高频率的购物类APP，用户会经常使用，因此，活跃度肯定不同。

活跃度也是一个线性概念，但它不能单独来看，必须结合活跃度增长来综合考虑，至于原因可以先看一个例子。

案例 ❺

某产品第一天的日活跃度为10000，第二天的日活跃度是11000。从表面上看数据不错。

但实际上第一天里面有2000个是当日新增并活跃，第二天里面也有2000个是当日新增并活跃。所以第一天的日活跃度增长为2000/10000=20%，第二天的日活跃度增长为2000/11000=18.2%。换句话说，日活跃度确实是在增长，但是增长的加速度降低了。

在物理学上，加速度是一个非常重要的物理量，当加速度开始减小时，虽然速度还是在增大，但也是呈衰退趋势了，需要我们警惕。如果有一天日活跃度增长为0时，那就说明没有新增活跃用户了。当年Facebook的扎克伯格去见投资人时，亮出的所有数据全部低于当时的竞争对手MySpace，唯独一个日活跃度数据是增长的。通过这个数据投资人就相信了Facebook的前景，短期内会超过竞品，事实也是如此，一年内Facebook的经济效益就超越了MySpace。

所以，活跃度增长也是衡量活跃度的一个核心数据指标。因此，运营人员在运用活跃度这个指标时又多了两个指标：日新增用户数（DNU）、日活跃用户数（DAU）。

7.3.1.5　访问次数

访问次数是指访客完整打开产品页面进行访问的次数。这是指标网站类产品访问速度的衡量标准。一般来说，访问次数应该大于访客数，如果明显少于访客数，就说明用户无法完全打开产品页面，或者没有打开就关闭了。如果出现这种情况，运营人员就要检查一下，页面在打开时是否足够流畅。

7.3.1.6 页面停留时间

页面停留时间是指用户在一个页面上停留的时间。运营者为什么要关注产品的页面停留时间呢？

（1）判断页面用户体验

根据页面停留时间长短可以判断用户在页面上体验的好与坏。如果用户在该页面停留时间较短，很有可能是页面做得不够人性化，不能满足用户需求；如果用户在产品终页停留时间短，很有可能是终页内容展示过多或用户没有找到想要的内容。

（2）计算转化率

有些用户尽管在页面停留时间很长，但没有完成购买行为的用户数据，这时运营人员可以记录下这些数据，用页面停留时间来作为一个目标，继而计算目标转化率。

比如，那些主要以电话预订作为目标的网站，如果用户页面停留时间较长，但并没有下单，而是直接打电话预订，就可以根据页面停留时间计算转化率。

7.3.1.7 跳出率

跳出率（bounce rate）是指用户进入产品网站后，仅浏览一个页面就马上离开的概率。通过跳出率可以观察用户对产品的认可度，或产品对用户的吸引力。

跳出率高说明产品体验做得不好，对用户吸引力小；反之，说明产品体验做得不错，用户能通过产品满足自己的需求，而且以后可能还会再来光顾，大大提高了用户黏性。那么，是什么原因导致跳出率过高呢？总结起来有以下5个原因。

（1）关键词与创意不匹配

选择正确关键词的前提条件就是对产品和用户的点击行为有充分的了解。根据产品网站中的用户反应及用户行为去定位关键词和创意，匹配度越高的关键词，最终的转化率也越高，并且可以有效降低产品推广的成本。

（2）创意与着陆页不匹配

在产品推广的过程中，要注重创意与着陆页的匹配度。所有的推广创意都要以着陆页的内容为核心。产品的创意和着陆页的匹配度越高，点击之后的跳出率自然就会降低。这就要求产品的推广人员对产品的着陆页进行彻底的分析，设计内容，按照产品及关键词展开；推广时，完全按照规划去操作。

（3）统一资源定位符（URL）不够准确

在设计着陆页时，一般的专题或产品着陆页一定要有自己的特色，避免选择较长的动态链接。链接太长，可能会使系统无法完全识别。越短的URL越有利于产品推广。

（4）打开速度过慢

如果产品打开页面的时间超过5秒，那么用户跳出率就会增加50%以上。因此，一定要解决好着陆页打开速度慢的问题。

（5）广告太多

很多产品为了赚广告费，把广告的载入顺序优化，先载入广告再载入产品内容。过长的广告载入直接导致用户关闭甚至卸载产品。

7.3.1.8　交互率

交互率是指产品与用户的交互行为，比如，留言、点赞、转载等占总访问量的比例。这一指标也是衡量产品价值的重要数据。高交互率意味着用户可以进行最高效的操作，花更少的时间完成交互任务。

这也为运营人员提升产品交互率提供了思路：一是减少子任务数量；二是降低操作难度；三是提供明晰的操作路径。

（1）减少子任务数量

互联网产品中的每个具体任务大多可以拆分为一个一个的子任务，具体任务的完成取决于子任务的完成。也就是说，每多一个子任务，用户花在产品操作行为上的时间就越长，这是很多用户都不愿意的，用户更希望能直接省略子任务。

子任务数量的减少可以有效缩短用户完成任务的总时间，进而起到提升用户交互率的作用。比如，用户用手机搜索某个旅游地点的天气，用户的目的是能够在最短的时间内获取与旅游地点天气相关的信息。而这个搜索过程，用户只需要输入关键词，点击"搜索"即可完成。

（2）降低操作难度

降低操作行为难度的目的是缩短单个子任务的完成时间，从而提升整个使用过程的交互率。比如，百度手机搜索提供了语音输入方式，开启语音输入功能后，用户直接说话就可以完成任务，而无须再手动输入，降低了操作行为的难度，减少了单个子任务的完成时间。

（3）提供明晰的操作路径

在产品的交互流程中，一般都会存在一些关键子任务，如果用户在这个过程中遇到了阻碍，就会影响下一个子任务的执行，从而降低整个交互行为的效率，甚至中断交互行为。针对这种情况，企业可以提供任务的并行完成路径。

例如，微信除了提供手机版本，还提供了电脑版本。电脑版本需要进行版本适配，因此列出适配版本的资源表。一般会提供三种搜索方式：一是微信网页版；二是微信Mac版；三是微信Windows版。用户可以根据实际情况自由选择。

7.3.1.9 转化率

转化率是指在一个统计周期内完成转化行为的次数占推广信息总点击次数的比例。转化率是一个产品最终能否盈利的关键影响因素，提升产品转化率是产品综合运营实力的结果。

提升转化率一直是互联网产品的追求重点，无论流量引导还是直接购买都必须有高转化率。虽然很多企业花了很多时间和金钱在提高转化率上，但效果却不佳。这是为什么呢？接下来，我们先来看看早期的蘑菇街是如何提升转化率的。

案例 ⑥

蘑菇街的购买路径存在"蘑菇街逛"和"去淘宝买"两个部分。进入蘑菇街后，用户可从多个渠道进入首页或者推广页，这是第一步转化；进入蘑菇街后，用户可以看到很多产品，翻页查看，看到喜欢的才会点击进去，进入详情页，这是第二步转化；进入详情页后，判断信息，认为不错，点击购买，跳入淘宝页面，这是第三步转化；到淘宝之后，进行购买，这是第四步转化。

所以，这种购买转化率很好计算，把4个转化率相乘即可。把转化率进行详细分解，为的就是调整以后的运营方向。像蘑菇街这样的电商网站，为的就是解决用户买什么的问题，最终让用户产生购买行为。因此，整站的转化率非常重要。蘑菇街把提升整站转化率的任务进行分解，提高每个环节的转化率。

第一步：增加内容引导，让用户快速进入图墙页面，提高进入蘑菇街的用户到图墙页面的转化率。

第二步：要提高图墙页面的转化率，就必须提高产品质量，吸引用户，还要设置流动机制、推荐机制，同时要设置更多的吸引点，吸引用户点击查看详情页。

第三步：在进入详情页面之前赢得用户喜爱，用户基于喜爱产生的购买意愿就会加强，然后通过各种手段使用户产生轻松感和社群感。如此，蘑菇街就达到了提高详情页面到淘宝的转化率的目的。在访问路径上，蘑菇街的最后页面不会直接关闭，而是产生更多相关推荐，留住用户。

第四步：提高用户到淘宝后的下单率，这些就必须在蘑菇街里完成。

通过分解转化率，蘑菇街目前到淘宝之后的转化率平均达到8%，个别类目更高，超过淘宝类目本身。

从上述例子中可以看出，产品转化率低的原因，具体有以下3点，这也是大多数互联网产品存在的问题。

（1）产品太新、推广少，用户不了解

用户对于新产品一般都不太了解，因此需要培养和教育。对用户的培养与教育不用谈产品逻辑以及技术优势，只需要降低门槛，让用户去使用产品。就像互联网金融早期都会选择发放红包让用户体验。如果用户发现操作方便、资金安全，并且真的有收益，就会逐步接受产品。

除采用免费策略提高转化率之外，另一种策略就是人群的单点打透。因为从众效应是非常强的，我们看到别人在使用某产品时，在潜意识里就会接受使用该产品。在推广过程中，企业可以发起更多面向细分人群的社群，组织更多的活动。社群越小，用户越活跃，越能受从众效应影响。

（2）品牌太新，用户不信任

新品牌转化率都是比较低的，如果用户使用成本低还好一些，如果是使用成本高的产品，用户就会产生不信任感，因为会担心产品很难给自己带来利益。互联网新产品为了获得用户的信任，可通过央视、分众、开屏等大众媒体进行大面积的品牌推广，提高品牌认知度，提高用户的信任度，进而提高转化率。

（3）体验感太差，用户不喜欢

这是很多产品失败的原因。当用户打开一款产品时，不知道怎么用，这时就有内容来引导，还有就是用户能在产品内直接找到自己想要的内容。这些都是好的产品体验，也是提升产品转化率的关键。

7.3.1.10　每用户平均收入

每用户平均收入（ARPU）是指每一个付费用户的平均月收入，测定公司取自每个最终用户收入的指标。ARPU值的大小取决于两个因素，业务收入和用户数量，相对用户数量，业务收入越高，ARPU值越大。

公式为：

$$每用户平均收入（ARPU）= \frac{总收入}{用户数}$$

需要注意的是，该指标是一个用于衡量业务收入的指标，其测定的是某一时期的业务收入（通常以月为单位），不能代表其产品就一定好，有时还需要结合其他指标综合分析，如付费用户转化率。

案例 ❼

公司A：一个月收入为50000元，总用户1000人（其中付费用户200人），月ARPU值为50。

公司B：一个月收入为10000元，总用户1000人（其中付费用户500人），月ARPU值为10。

公司A业务收入远远高于公司B，ARPU值也大于公司B，但这就能说A公司的产品一定好吗？答案是否定的，如果再看付费用户转化率，则是公司B的产品更受用户欢迎。

根据公式

$$付费用户转化率 = \frac{付费用户数}{总用户数} \times 100\%$$

可以得出，公司A付费用户转化率为20%，公司B付费用户转化率为50%。

由此可见，在使用每用户平均收入（ARPU）这一指标时，需要与付费用户转化率一起分析。

很显然，产品B比产品A更有吸引力。所以我们需要再引进一个指标，即用户生命周期价值（LTV），即用户在整个产品的生命周期中，贡献的价值。例如，案例7中产品A的LTV为3000元，产品B的LTV为9600元。

7.3.2 第二组：搜索类数据体系

搜索类数据可以分为站内搜索数据与SEO搜索数据。站内搜索数据是指来自企业网站、企业内部信息系统及专用网页的数据；SEO搜索数据是指来自百度、360搜索、搜狐等搜索引擎的数据。两者一内一外、相辅相成、缺一不可，共同构成了搜索类数据体系，为更好地把握市场需求、用户需求提供了充分的依据。

7.3.2.1 站内搜索数据

早期的站内搜索由于受制于企业网站建设，信息系统搭建得不够完善，往往流于形式，再加上信息结构简单、内容稀缺，往往不能成为数据搜集、分析的主流途径，所获得的数据参考价值也不大。但进入Web 4.0时代，新的站内搜索工具越来越多，企业自身对信息系统的管理越来越完善，站内搜索数据也越来越成为数据运营不可分割的组成部分，逐渐被重视起来。

案例 ❽

微信公众号（订阅号和服务号）是Web 4.0时代的产物。自腾讯开放微信公众号功能后，很多企业纷纷开通微信公众号，并将其打造成企业的微网站。

微信公众号在数据获取上要远远强于传统的企业网站，大大提升了企业站内的数据搜索、分析能力。例如，在微信公众号后台，可以直接看到用户的基本资料、登录时间、阅读内容、转发、点赞、评论等多项数据。同时，也可以从用户、图文、菜单、消息、接口等多个维度进行分析，具体如图7-14所示。

图7-14 微信公众平台后台中数据收集和分析所涉主要项目

例如，通过用户分析可查看用户的数据。其主要包括4个指标，如表7-4所列。

表7-4 微信公众号后台的用户分析指标

指标	功能
新关注人数	前一天新关注公众号的用户数量，一般情况下来自前一天内容推送带来的新用户数量
取消关注人数	前一天取消关注的用户数量
净增关注人数	前一天净增长的关注用户数量，也就是"新关注人数"与"取消关注人数"之差
累积关注人数	前一天关注公众号的用户总数

运营人员可以通过不同指标，分析用户的变化情况，进而采取措施，如提高内容质量和精准度，调整推送时间，适时地组织一些互动活动，从而达到提升用户留存率的目的。

从上述案例可以看出，站内搜索最大的优势就是针对性强、精准度高，有助于运营人员直接了解用户需求。站内搜索数据多来自目标用户本身的行为，可直接体现用户的真实需求。

那么，哪些网站可用于站内数据搜索与分析呢？大体上可以将其分为3类，具体如图7-15所示。

用于站内数据搜索与分析的网站或平台	企业网站或内部互动平台：蒙牛官方网站、海尔的日日顺、小米的MIUI论坛
	第三方平台：微店、微商城、微博、微信公众平台、直播平台
	企业开通的电商平台：淘宝店铺、速卖通店铺、京东商城店铺

图7-15　用于站内数据搜索与分析的网站或平台

无论数据来自哪个网站、哪个平台，目的都是为结果分析而服务，只有经过科学、合理的分析，才能得出有利于产品运营的结果，所搜集的数据才变得有意义。这就需要运营人员在获得大量数据的基础上善于分析。在对站内数据进行分析时，可以按照以下4个步骤进行。

（1）从热门关键词入手

确保产品提供的搜索结果与热门搜索词达到最佳的匹配效果，并持续优化搜索结果展示方式，加强对访客行为的引导。

（2）优化站内关键词布局与内容

站内搜索关键词是搜索引擎优化（SEO）与点击付费广告（PPC）的最佳关键词来源。它们直接显示潜在用户在产品上所期望获得的内容，如果企业能满足用户的需求，这些用户就能从潜在用户转化为使用用户。因此，对于搜索次数高但转化率不理想的关键词，可以考虑将其添加到SEO或PPC投放列表中，确立首选着陆页，进一步优化关键词布局与内容，以获得更佳的目标转化。

（3）把握住站内搜索结果排名

要优化站内搜索结果的排名，让用户第一时间就能获取所需内容。同时提高交互率，减少跳出率。

（4）发现产品缺失的相关内容

对站内搜索关键词进行深入分析，发现产品缺失的相关内容，根据缺失的部分对产品内容进行调整、优化与增补。

7.3.2.2 SEO搜索数据

SEO是搜索引擎优化（search engine optimization）的英文缩写。所谓SEO搜索数据，是指通过搜索引擎工具而得来的数据。SEO搜索引擎上的数据具有量大、获取成本低的特点。搜索工具上往往蕴含着海量的数据，且大多数是免费的，系统可以根据所获得的信息进行自动分析、总结。

在所有的搜索引擎工具中，最常用的是百度指数。百度指数是百度旗下的一款大数据趋势统计、分析工具，以百度大量用户搜索行为为基础，积累了大量数据。其使用也非常简单，只要将所查询的关键词输入百度搜索中，即可查看该词的使用规模、使用频率，在某时间段内的变化趋势，以及相关的舆情。

案例 ❾

百度指数主要包括趋势研究、需求图谱、人群画像和舆情洞察4个部分的数据，如图7-16所示。这4种指标可以相当于分别从四个层面帮助运营人员做好用户分析、竞品分析、传播效果分析等。

图7-16　百度指数的4种数据类型

（1）趋势研究

趋势研究反映了用户对某个关键词在百度上的关注度及持续变化情况。趋势研究主要以百度搜索数据为基础，以特定关键词为对象，系统科学地分析某关键词在百度整体市场中的搜索频次。特别要说明的是，百度指数与搜索量有关，但是百度指数并不等于搜索量。

百度指数中趋势类数据包含两部分，分别为指数概况与热点趋势。其中，指数概况又可分为最近7天和30天的变化情况；热点趋势则包括整体趋势、PC端趋势和移动端趋势。这部分数据显示了该关键词被搜索的情况和媒体指数，在实际运用中商家可以根据实际情况分地区进行数据统计。趋势研究包含的内容如图7-17所示。

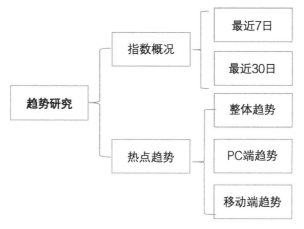

图7-17　百度指数中的趋势研究

（2）需求图谱

用户利用百度进行关键词搜索的行为属于用户自主自愿的行为，每个搜索行为背后都可能产生购买行为。因此，利用百度指数中需求数据，可以挖掘用户当前的需求，以及隐藏需求。需求类数据在百度指数中又叫需求图谱，具体如图7-18所示。

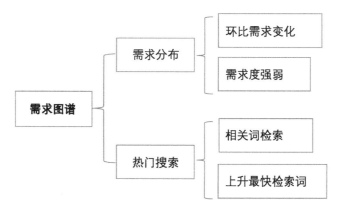

图7-18　百度指数中的需求图谱

需求图谱包含需求分布与热门搜索两部分内容。其中需求分布的内容又包括环比需求变化和需求度强弱两部分，需求分布是指对同一关键词条件下其他关键词的需求对比；热门搜索中包括相关词检索和上升最快检索词，前者是指与所搜索相关词同类型的其他关键词的搜索量分析，后者是指在一段时间内搜索量发生明显上升的关键词。

（3）人群画像

人群画像是指百度指数对关键词搜索用户属性进行的数据统计，统计对象包括用户的性别、年龄、区域等，人群画像具体内容如图7-19所示。精确的区域数据以及搜索群体的年龄与性别数据都为企业确定目标市场提供了依据，帮助企业有效地制订细分目标市场的营销策略。

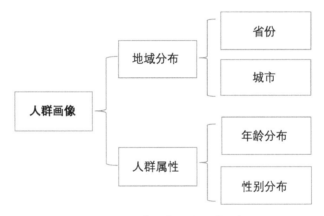

图7-19　百度指数中的人群画像

（4）舆情洞察

舆情洞察是指百度指数对关键词在特定时间段内被新闻媒体报道的数据或者与关键词有关的问题、帖子的数据进行的统计。舆情洞察包括新闻检测与百度知道两部分内容，根据数据可以看到具体的某个时间点媒体对该关键词的报道消息数量。

除了百度指数外，还有很多数据分析工具。如以查询网站排名为主的Alexa，以网站内容各项数据统计为主的CNZZ，以消费指数调查为主的Group+等。利用这些工具，运营人员可以获取某一方面的特定数据，为得出最终的结果提供专业数据支持。下面将对其进行简单的介绍。

（1）Alexa

Alexa（http://www.alexa.cn/）是一款网站排名查询工具，是当前拥有URL数量最庞大、排名信息发布最详尽的数据查询平台。可为商家提供多达几十亿条的网址链接，且为每一个网站进行了多维度排名，具体包括网站排名、流量分析、ICP备案、域名信息查询（Whois）、排行榜、API。Alexa的主要功能如图7-20所示。

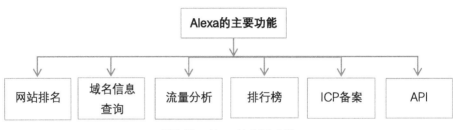

图7-20　Alexa的主要功能

（2）CNZZ

CNZZ（http://www.cnzz.com/o-index.PHP）是一个中文网站统计分析平台，在页面添加统计代码后，商家可以快速了解网站的各项运营数据。包括U-Dplus、站长统计、全景统计、手机客户端等多项功能，如图7-21所示。

这样，就可以一目了然地了解网站的各项访问数据，商家可以根据统计数据及时调整页面内容和运营推广方式等。

图7-21　CNZZ的主要功能

（3）Group+

Group+（http://www.grouplus.com/）是目前市场上不多的社群运营工具之一，也是相对好用的一款，使用场景包含活动、众筹、问卷、调查表、短信等，让社群运营更高效。

Group+的编辑和发布界面操作简单，让运营活动更省时、省力、高效。便捷的操作实时、动态地呈现活动传播和转化数据，一切贴近运营的需求，如图7-22所示。

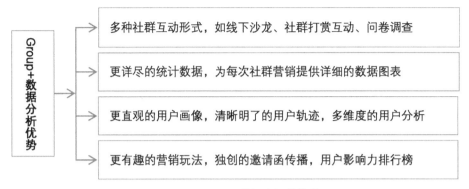

图7-22　Group+数据分析的优势

进行SEO搜索数据分析可以使站内推广成本更低，流量提升更快。在互联网时代，企业追求的就是超大量、高质量的流量，因为流量往往代表着企业的潜在客户。如果SEO做得好，这些潜在客户通过搜索引擎了解到企业的产品信息后，甚至有可能直接转化为目标客户。如某公司的网站通过百度获得的SEO索引量每天在365万多，如图7-23所示，如此高的曝光率大大加强了该网站的宣传与推广。

| 历史收录 | SEO收录 | | | | | 更多>> |
日期	百度收录	百度索引量	Google收录	360收录	搜狗收录	百度反链
2018-05-21	--	--	--	53万1000	--	--
2018-05-20	--	--	--	52万7000	--	--
2018-05-18	81万8000	365万3045	1340万	51万6000	--	1720万
2018-05-17	72万2000	365万3045	--	51万5000	--	1720万
2018-05-16	72万1000	365万9024	1330万	51万2000	--	1720万

图7-23　某公司网站通过百度获得的SEO索引量

那么，SEO搜索数据要怎么分析、优化才能达到想要的效果呢？需要特别注意两点。

（1）关键词的设定

关键词的设定要与目标用户需求高度匹配，只有高度匹配，产品才能被目标用户搜索到并被了解，同时，也是获取精准SEO搜索数据的保证。

因此，运营人员在做搜索分析时，首先需要制订出一个符合产品特征和目标用户需求的搜索关键词库。不同行业的产品，其关键词特征也是不一样的，这就需要企业在领域内大量关键词上去提取特征。搜索关键词的提取可从以下8个方面入手，具体如图7-24所示。

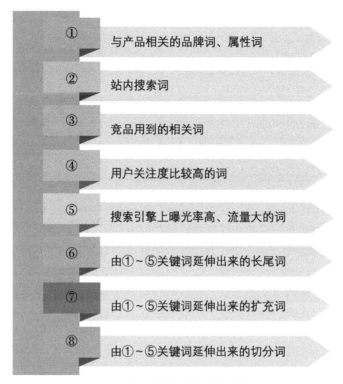

① 与产品相关的品牌词、属性词

② 站内搜索词

③ 竞品用到的相关词

④ 用户关注度比较高的词

⑤ 搜索引擎上曝光率高、流量大的词

⑥ 由①～⑤关键词延伸出来的长尾词

⑦ 由①～⑤关键词延伸出来的扩充词

⑧ 由①～⑤关键词延伸出来的切分词

图7-24　搜索关键词提取的8个方面

值得注意的是，尽管关键词的整理可以通过系统化的方式来实现，但并不是所有方式都符合，因此还需要结合人工进行处理。

（2）让关键词快速触达用户

SEO的基本套路就是目标尽可能多地占到搜索结果页的前几位，这样才能实现用户的触达。那么，产品要如何触达用户呢？

搜索引擎的工作分为离线部分与在线部分。离线部分负责抓取、构建倒排索引；在线部分则负责提供前台搜索接口，根据用户的搜索词获取倒排索引，计算排名，然后进行个性化处理，最后返回包含10条结果的搜索结果页。

7.3.3　第三组：营销类数据体系

大数据衍生于互联网行业，又作用于互联网行业，因此大数据与互联网产品可谓是"近亲"。对于互联网产品而言，推广与销售工作必须依赖于大数据，依托多平台的大数据采集、整理、分析和预测能力，从而使广告更加精准有效，销售渠道更加畅通，给运营带来更高的投资回报率。

7.3.3.1　销售计划达成率

很多企业在新的一年，都会对销售目标和前景做一番规划，这时就需要制订详尽的销售计划。企业制订销售计划，不仅是为企业自身提出经营目标，更是在激励员工，让每个人的工作有明确的方向。

销售计划达成率是衡量销售计划完成情况的主要指标，体现了一年里销售计划的完成情况。它是指实际销售额与计划销售额之间的比例关系，即计划销售额的完成情况。其计算公式为：

$$销售计划达成率 = \frac{实际销售额}{计划销售额} \times 100\%$$

假如销售计划达成率比较高，甚至达到了100%，一方面说明这一年的工作完成情况比较好，另一方面说明运营者对企业的未来发展情况估计得比较合理，可以根据市场需求把握企业发展。倘若这一指标比较低，说明企业内部出现了问题，这时就需要从中找一找问题及原因，结合产品、用户、市场需求以及其他环节解决问题。

7.3.3.2　销售增长率

评价一个企业是否在成长，一个产品是否能盈利，最主要的是看销售增长率。销售增长率是用来反映销售情况的指标，是指企业本年度销售增加额与上年度销售额之间的比例，反映销售的增减变动情况，是评价企业成长状况和发展能力的重要指标。其计算公式为：

$$销售增长率 = \frac{本年度销售增加额}{上年度销售额} \times 100\%$$

其中，本年度销售增加额 = 本年度销售额 - 上年度销售额。

销售增长率是衡量企业经营状况和市场占有能力、预测企业经营业务拓展趋势的重要指标，也是企业扩张增量资本和存量资本的重要前提。如果该指标大于0，表示企业本年度的销售收入有所增长，指标的数值越高，说明增长速度越快，企业市场前景越好。如果该指标小于0，表示企业或产品不适销对路、质次价高，或者是售后服务等方面出现了问题，产品销售不畅，市场萎缩。

通过销售增长率还可以判断出产品处于生命周期的哪个阶段，也就是根据产品销售量的年增长率，来划分产品的生命周期，以及产品所处的阶段。同时，还可以根据销售增长率法来分析销售增长率，而销售增长率法就是用产品销售量的年增长率来划分产品的生命周期的各阶段。

7.3.3.3 销售毛利率

每个运营人员最关心的就是产品的盈利状况，那么，哪些指标代表企业盈利的状态呢？除了上述销售增长率指标外，销售毛利率也是反映企业盈利能力的一个指标。

那么，销售毛利率到底是什么呢？下面就来详细了解一下。

销售毛利率是毛利占销售净值的百分比，通常称为毛利率。其中，毛利是销售净收入与产品成本的差。销售毛利率计算公式为：

$$销售毛利率 = \frac{销售净收入 - 产品成本}{销售净收入} \times 100\%$$

通常，分析者主要应考察企业主营业务的销售毛利率。在上市公司财务报表中：

$$主营业务销售毛利率 = \frac{主营业务收入 - 主营业务成本}{主营业务收入} \times 100\%$$

销售毛利率，表示每一元销售收入扣除销售成本后，有多少钱可以用于各项期间费用和形成盈利。销售毛利率是企业销售净利率的最初基础，没有足够大的毛利率便不能盈利。

财务报表集中反映了企业某一会计期间的财务状况和经营成果的全貌。销售毛利率指标主要根据企业的利润表项目计算得出，投资者、审计人员或公司经理等报表使用者可从中分析得出自己所需要的企业信息。

7.3.3.4 销售回款率

很多企业在进行销售时都会出现买家拖延货款的情况，这就需要一个指标来表示企业收到多少货款，而这个指标就是销售回款率。

销售回款率是指企业实际收到的销售款与销售总收入的比例。它是用来评估销售部门或企业回款能力的一个指标，可以作为衡量回款能力的一个考核指标，也可作为衡量企业盈利能力、资金周转能力的考核指标。其计算公式为：

$$销售回款率 = \frac{实际收到销售款}{销售总收入} \times 100\%$$

$$= \frac{现销收入 + 本月应收账款收回数}{销售总收入} \times 100\%$$

$$= \frac{销售总收入 - (应收账款期末数 - 应收账款期初数)}{销售总收入} \times 100\%$$

销售回款率是用来衡量企业经营能力的指标，同时也是判断用户有效性的重要指标。提高销售回款率，不仅需要对销售人员加强管理，还需要对用户进行监管，建立完善的经销商开户制度。

当产品开拓了新的市场或对目标市场进行细分时，需要在对经销商选择时进行充分、科学的评估，这不仅是为将来销售寻找一个合作伙伴，同时也可大大降低市场竞争所带来的潜在风险。

7.4 快速打造数据运营体系，实现精准推广与营销

很多运营人员对数据运营的理解是片面的，仅局限于数字统计等，其实这只是其中一小部分。数据运营从表面上看是为产品服务的，但从根本上说它是为人服务的，包括运营人员、用户及投资者。因此，做数据运营需要兼顾产品与人的需求，构建一个既能为产品服务，又能为人服务的体系。

7.4.1 用数据推动产品迭代和市场推广

要想用数据推动产品迭代和市场推广，必须依赖完善、科学的数据运营体系，只有数据运营体系搭建起来，才能全面反映产品的运营情况，让运营人员时时刻刻掌握产品的现状、用户使用产品状况，更好地了解产品。

在搜集数据时不能仅局限于数字化的资料，还要注重通过数据而内容化的资料。例如，亚马逊的个性化推荐、QQ音乐的猜你喜欢、淘宝的时光机、今日头条的推荐阅读等都是大数据在产品中的实际应用。

通过数据内容化的资料重点包括3个方面，具体如下。

第一，以效果广告为代表的精准营销，如微信朋友圈等，利用大数据实现了精准营销。推荐周期短、实时性要求高，受用户短期兴趣和即时行为影响大，投放场景最强和访问人群集中等。

第二，以视频推荐为代表的内容推荐，如You Tube。这类营销受用户长期兴趣的累积影响大，最好能结合时段和热点事件，体现多维度内容。

第三，以电商推荐为代表的购物推荐，如亚马逊、淘宝、京东。大数据技术帮助电子商务行业发现新的商业模式，尤其是购物行为预测分析和购物商品关联分析已经在电商领域得到了很好的应用，并已经帮助电商获得了巨大的利润。此外，还可以从数据中挖掘有价值的信息，并凭借这些信息实现主动服务、主动出击，站在顾客的角度考虑顾客的需求。

比如，一个移动应用类APP，通过关注新用户的增长，有多少用户是活跃用

户等与用户息息相关的数据，可及时了解产品功能与用户需求是否吻合，哪些功能需要删除，哪些功能尚没有处于最佳状态，亟待完善。

其实，完善、科学的数据运营体系不仅仅对产品自身的完善有诸多好处，还对很多其他人群有好处。比如，对开发者而言，通过完善大数据运营体系可以了解有多少用户付费、贡献多少收入等，以此判断产品是否有继续做下去的必要；对目标用户而言，可以充分了解产品的功能，以此来判断是否适合自己的需求；对投资人而言，可以判断产品发展是否健康，评估是否有投资价值。

可见，搭建完善、科学的数据运营体系对一个产品运营的影响是全方位的，着重表现在4个层面，如图7-25所示。

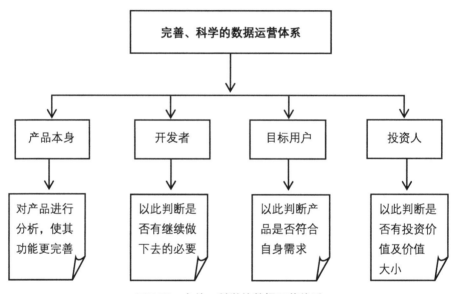

图7-25　完善、科学的数据运营体系

用大数据可以很好地推动产品迭代和市场推广，这对产品整体发展是非常有利的。因此，对于运营人员而言，更应该关注细节部分。比如，用户是如何使用产品的？用户都有什么特征？哪些渠道带来的用户质量更高？……这些都要有重点数据来体现。

案例 ❿

以一款APP为例，建立数据运营体系，应该重点关注哪些指标才能有针对性地对产品使用情况进行数据分析，了解用户对不同功能的使用情况、行为特征和使用反馈，为产品的改进提供好的方向。

具体指标包括以下两大类：

（1）新增用户、活跃用户、启动次数

这些都是KPI的主要评估指标，关注这些指标的每日趋势，可以了解到该应用每天的发展是否正常、是否符合预期。

（2）留存率

留存率是评定一个应用用户质量的重要标准，用户留存率越高，说明应用越吸引用户。

常用留存指标有次日留存率、3日留存率、7日留存率、15日留存率等。

开发者在查看留存率时，可以关注留存率在一段时间内的变化趋势，并可以通过对比不同应用版本、不同分发渠道的用户留存率来评估版本和渠道质量或定位应用某些指标值下降的原因。

APP作为互联网产品的典型代表，数据运营体系的构建是最复杂的，上述案例展现出的只是整个体系的冰山一角。那么，如何打造数据运营体系，还需要掌握一些规律性的内容，切实地为产品运营服务。

7.4.2　产品数据运营体系构建的5个要素

构建完善、科学的数据运营体系是做好数据运营工作的重要前提，可最大限度地挖掘数据价值，让每一组数据都能服务于产品。那么，数据运营体系如何构建呢？这就需要先掌握其包括的5个要素。

（1）人：专职的数据运营者

专职的数据运营者通常由两类人组成：一类是负责建立数据运营体系的开发者，负责制订标准，梳理优化流程、总结沉淀经验，以推动体系本身的优化；另一类是管理者，负责数据的上报、报表填写、数据库管理维护等，以保证产品的相关数据为产品更好地执行。

（2）数据后台：全面的系统数据仓库

数据运营体系的核心是构建一个专业化程度比较高的数据处理后台，后台会自动记录、分析各种产品数据，尤其是共性数据，利用数据平台共用接口可大量获取相关数据，这可大大降低数据获取成本和运营成本。

（3）数据前台：固化数据体系展现平台

数据前台需要专业的报表开发，体系化报表系统，灵活迭代执行，而不是简单地承接报表需求，造成报表泛滥。

（4）工作规范：实现流程化、规范化

构建产品数据运营体系，流程一定要规范，这就需要根据数据需求制订详尽的流程。流程化是一门重要的学科，并在企业经营管理中有着重要的作用。一套好的流程，可以帮管理者提高管理水平，提升工作效率，节约管理成本，打造完美执行，减少工作失误。让每个人各司其职，不错位、不缺位、不越位。

（5）工作产出：数据应用

常规的数据工作就是各种数据分析，输出日报、周报、月报；在数据分析的基础上进行决策，如产品研发、生产、推广、推销。

7.4.3 打造数据运营体系的10个步骤

7.4.3.1 制订产品目标

产品目标是打造数据运营体系的起点，也是评估运营效果的标准。然而，目标的制订绝不能凭头脑一热，随便做决定，而是需要结合产品在市场上的表现、与竞品的关系、往年的数据等综合衡量，然后得出结果。

具体的衡量原则可以根据目标管理中常用的SMART原则。SMART原则来源于Specific、Measurable、Attainable、Relevant、Time-bound 5个英文首字母的简称，分别代表具体的、可度量的、可实现的、相关的、时限的，如图7-26所示。

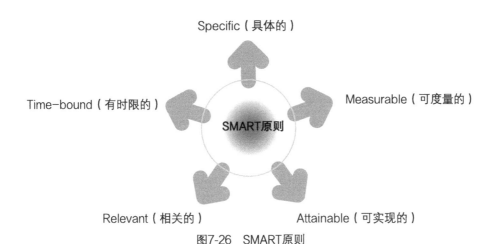

图7-26　SMART原则

（1）Specific（具体的）

Specific（具体的）是指工作目标要具体、详细、不能笼统。例如，某个社交产品想要提升其语音功能，那么如何提升呢？如果只是笼统地提出要提升产品体验的计划和方案，而没有实施细则和措施，则是不够具体的。毕竟每个人对"体验"的理解不一样，完善到什么程度才算好，必须有具体的标准。比如，查看用户次日留存数据，根据数据基本就可以判断是否达到了预期。

（2）Measurable（可度量的）

Measurable（可度量的）是指目标必须是数量化或者可量化的行为，也就是说，检验、验证这些目标的指标数据或者信息是可以获得的。以新用户次日留存率指标为例，如果这项数据可用具体的数值来表示，则符合可度量原则，反之则是不可度量的。不可度量的指标多是一些用文字来描述的定性指标，如好、比较好、适中、差、极差等。

（3）Attainable（可实现的）

Attainable（可实现的）是指在付出努力的前提下，目标是可以实现的，不会因门槛设立得过高或过低，或者其他外部因素影响而导致目标无法实现。

比如，制订了新注册用户的次日留存率达到30%这样的目标，必须基于新用户的注册数、留存率历史数据等以往数据做参考，制订一个相对可实现的目标，如果以往这一数据为25%、26%，基本接近目标值，那么这个目标就有可能实现；倘若这一数据只有20%，甚至更低，那30%的目标门槛就会显得较高。

（4）Relevant（相关的）

Relevant（相关的）是指目标要与其他目标有着必然的关联。目标不是独立存在的，它是与本职工作相关联的。比如，新用户的次日留存率是与用户行为息息相关的，例如用户对语音工具的认可程度，用户对运营功能的内容喜好程度等。新用户的次日留存这个目标就与产品性能、内容受欢迎程度有较强的关联。

（5）Time-bound（有时限的）

Time-bound（有时限的）是指要注重目标完成期限，任何目标的实现都是有特定期限的，如果没有明确的时间限制，所谓的目标将失去意义。

例如，实现新注册用户的次日留存率达到30%的目标，可以这样制订：在2018年10月1日前将新注册用户次日留存率从15%提升到20%。新用户次日留存率的提升意味着更多用户的活跃转化，带动活跃用户数量的增长。

7.4.3.2 定义产品数据指标

产品数据指标是反映产品健康发展的具体的数值。

新注册用户次日留存率是一个比率，分子为当天新注册并登录的账户数，分母为第一天注册登录，在第二天再次登录的账户数。

$$新注册用户次日留存率 = \frac{当天新注册并登录的账户数}{第一天注册登录，在第二天再次登录的账户数} \times 100\%$$

这里有个细节需要特别注意，即第一天和第二天必须有明确的上报时间点，否则部分账户就无法被记录。

例如，一个新用户在第一天23点注册并登录，直到第二天凌晨1点才下线。如果按照上面的定义，这个用户的登录行为将不会被记录，因为在第二天没有登录行为，但他确实是连续两天都在登录状态。

针对这种情况，这里需要补充一个细节：定义清楚数据上报时间，看用户的登录状态。假如每分钟上报一次数据，这样23点注册，次日凌晨1点下线的用户，只要持续到次日凌晨0点1分就可以被确定为第二天登录用户。当然，还可以缩短上报时间，时间越短精准度越高。

任何一个指标在应用前必须进行精准的定义，除了次日留存率这样的数据指标外，还包括PV、UV、停留时长等数据指标都可以这样定义，只不过定义的标准不同，需要根据产品类型而定，同时需要产品、开发等各个团队达成共识。只有数据指标的定义精准、表达清楚，并且有据可查，才不会出现因不同的运营人员对数据解读有误差，导致目标无法实现的后果。

7.4.3.3 构建产品数据指标体系

在构建明确的数据指标基础上，接下来就是以此为核心，按照产品逻辑对所有指标进行归纳、整理，使之条理化、体系化。

仍以上面提到的新注册用户次日留存率为例进行分析。在上面例子中，已经明确新注册用户次日留存率是衡量产品用户运营效果的核心指标，那么，就需要建立一个以此指标为基准的指标体系。因为，很多时候只看次日留存率是远远不够的，还需要综合考察影响用户留存率的其他因素，如新增数据、活跃数据、付费数据、其他数据等。

就一个指标体系而言，必须确立一个最核心的指标，如图7-27所示，是常用的一种数据指标体系。

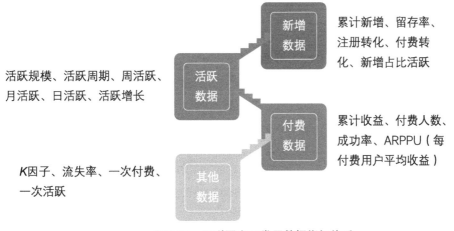

图7-27　互联网产品常用数据指标体系

比如，设计一个社交平台类产品，就会用到下面的指标体系，如账号体系、关系链数据、状态感知数据、沟通能力4大方面。具体指标包括好友个数分布、观看频道节目的时长、IM聊天时长、个人状态的切换与时长等。

7.4.3.4 提出产品数据需求

产品指标体系的建立不是一蹴而就的，运营人员需要根据产品所处的发展阶段，有所侧重地进行数据需求的提炼。为方便产品和数据上报开发、数据平台等部门同事之间沟通，大多数公司都会有产品需求文档模板，以辅助进行数据建设。目前，大多数创业型中小企业，产品数据的需求提炼到上报或许就是1～2人的事情，但同样建议做好数据文档的建设，如数据指标的定义、数据计算逻辑等。

153

以YY语音为例，表7-5所列是YY语音的客户端团队建立的基础产品组数据需求实现流程。

表7-5　YY事业部基础产品组数据需求实现流程

阶段	流程						
	需求提出	需求评估		需求开发		报表输出	
需求决策	需求档案资源落实	评审会需求陈述	确认修订需求	进度协调		数据校验	报表确认需求实现
数据运营	数据指标确认需求文档汇总	组织需求评审会		需求推进		数据校验	
产品开发	数据上报沟通	评审会上报数据确认	确认统计代码或接口	数据上报测试修订数据联调	对数据接收后的处理	数据修订	
测试		明确测试数据		测试数据上报反馈测试结果			
深度开发	确认数据接收	评审会需求评估	统计代码/接口分配输出周知邮件	数据联调	数据的接收与储存	输出数据报表上传邮件周知	

7.4.3.5　上报数据

这个步骤是根据产品经理提出的数据需求，按照上报规范，将数据上报到服务器的过程。上报数据的关键是数据上报通道的建设，只要上报通道足够通畅，这个环节的工作就非常简单，因为数据平台可以代劳很多细节性的工作，运营人员只需要按照规定的步骤，使用统一的数据SDK进行数据上报就可以了。

然而，如果是在一家初创公司，或者不太完善的公司，则需要从上报通道建设开始做起。其中一个很关键的环节就是数据上报测试，该环节做不到位，会造成不必要的麻烦。

如果公司没有足够的技术和资金来搭建自己的数据平台，也可以借助第三方数据平台。常用的有网页产品类，如百度指数、360大数据平台、艾瑞指数、搜狗指数；电商平台类，如阿里指数、淘宝指数；移动端产品类，如友盟、微信指数、Talking Data等。

7.4.3.6 数据采集

数据上报完，并得以确认之后，接下来就是一个偏技术化环节，即数据采集。由于专业性较强，这一步通常由数据分析师等专业人士完成。

数据采集是获取高质量数据的主要方式，是数据分析的基础，直接决定数据分析的结果。那么，如何做好数据采集工作呢？我们不妨先看一张图，即产品数据体系中最常见的数据采集流程，如图7-28所示。

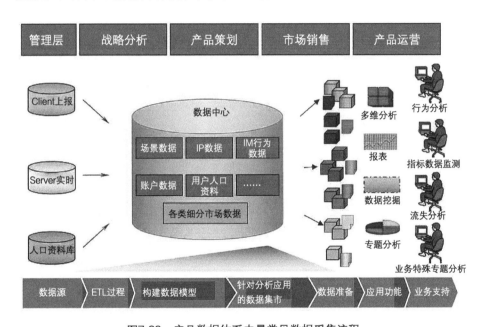

图7-28　产品数据体系中最常见数据采集流程

数据采集通常分为两步。

第一步，从业务系统上报到服务器，这部分主要是通过巡航导航指示器或者后台服务器，通过统一记录API调用之后，汇总在日志服务器中进行原始流水数据的存储。当这部分数据积累到一定量之后，需要考虑用分布式的文件存储来做，外部常用的分布式文件存储主要是HDFS。

HDFS是一个高度容错性的系统，它放宽（relax）了POSIX的要求（requirements），这样可以实现流的形式访问（streaming access）文件系统中的数据。HDFS有着高容错性（fault-tolerant）的特点，并且设计用来部署在低廉（low-cost）的硬件上。它提供高吞吐量（high throughput）来访问应用程序的数据，适合那些有着超大数据集（large data set）的应用程序。

第二步即进入数据的抽取和转换环节。ETL是英文Extract-Transform-Load 的缩写，用来描述将数据从来源端经过抽取、转换、加载至目的端的过程。ETL一词较常用在数据仓库，但其对象并不限于数据仓库。

ETL是构建数据仓库的重要一环，用户从数据源抽取出所需的数据，经过数据分析，最终按照预先定义好的数据仓库模型，将数据加载到数据仓库中去。

7.4.3.7　数据存储

对数据进行采集之后就需要将其存储起来，以便后期使用时集中整理、分析。数据大多存储在专门的数据仓库中，存储的数据越多、越完善，标志着该公司对大数据运用得越好、越彻底。

成熟的互联网企业大多都有自己的数据仓库，这也是衡量其是否实现数据化运营，或对大数据运营能力大小的重要标志。

案例 ⑪

腾讯大数据平台是基于腾讯内部所有的存储平台，包括大家所熟知的社交、游戏、电商以及媒体产生的数据平台。

该平台一般由五大系统组成，其中最主要的是数据采集平台、存储平台。数据存储平台主要从离线和实时两个方向支撑海量数据接入和处理，核心系统为TDW、TRC和TDBank。

在腾讯内部数据收集、分发、预处理和管理都会通过TDBank来实现。TDBank，数据实时收集与分发平台。构建数据源和数据处理系统间的桥梁，将数据处理系统同数据源解耦，为离线计算TDW和在线计算TRC平台提供数据支持。TDW、TRC和TDBank之间的关系如图7-29所示。

图7-29　TDW、TRC和TDBank之间的关系

在TDBank的带动下，整个平台就可以很好地运转起来，解决了在大数据存储和接入过程中因量大、多样化而带来的诸多问题。具体可通过三层架构来统一解决，分别为数据的接入层、处理层和存储层。

（1）接入层

数据接入层会将收集到的各种数据统一成一种内部的数据协议，方便后续数据处理系统使用。接入层支持各种格式的业务数据和数据源，包括不同的DB、文件格式、消息数据等。

（2）处理层

处理层，是指用插件化的形式来支持多种形式的数据预处理的一个过程。对于离线系统来说，一个重要的功能是需要按照某些维度（比如某个key值+时间等维度），将实时采集到的数据进行分类存储。同时，存储文件的粒度（大小/时间）也是需要定制的，使离线系统能以指定的粒度来进行离线计算。

（3）存储层

处理后的数据使用HDFS作为离线文件的存储载体。保证数据存储整体上是可靠的，然后最终把这部分处理后的数据，入库到腾讯内部的分布式数据仓库（TDW）。

7.4.3.8　数据接入

大量数据为什么要接入，主要基于两个原因。第一是由大数据的多样性造成的。大数据的多样性使得原有的单一通道不适用，这就需要针对数据的类型如结构化数据、半结构化数据、非结构数据，以及数据源的存储形式如关系数据库、分布式数据库两方面特性进行综合考虑，形成一个二维接入方式表。大数据的多样性表明，我们在接入数据的时候必然会采用多样化的接入手段。第二是由大数据的高速性造成的，这一特性使数据通道更为拥堵。

针对大数据的这些特点，流处理的技术发挥了重要作用。当然实际情况要更加复杂，在这里我们只是提出其中的一种解决问题的思路。

对此，可以依靠消息队列集群加流处理技术进行解决。例如，现在广泛采用的kafka+spark streaming的解决方案。数据通过消息的不同通道和订阅发布机制，建立不同的数据传输通道，并且通过分布式机制和缓存机制解决大量数据接入的性能问题。一些软件或APP中提供的采集助手就是要让不懂技术的人员也能接入各种类型的数据。

从实际应用来看，产品在考虑数据接入的时候，主要关心3个问题，具体如下。

（1）多个数据源的统一

一般实际的应用过程中，都存在不同的数据格式来源，这个时候，采集和接入这部分，需要把这些数据源进行统一的转化。

（2）注意时效性

要注意采集的实时高效，由于大部分系统都是在线系统，对于数据采集的时效性要求会比较高。

（3）对无效数据进行处理

对于一些会影响整个分析统计的无效数据，需要在接入层的时候进行逻辑屏蔽，避免后面统计分析和应用的时候，因这部分数据导致很多不可预知的问题。

7.4.3.9　数据计算

完成数据上报、采集和接入之后，就进入存储的环节，关于数据的储存，为了更形象地说明，我们仍以腾讯为例。

案例 ⑫

在腾讯内部，有个分布式的数据仓库用来存储数据，内部代号叫作TDW，它支持百PB级数据的离线存储和计算，为业务提供海量、高效、稳定的大数据平台支撑和决策支持。基于开源软件Hadoop和Hive进行构建，并且根据公司数据量大、计算复杂等特定情况进行了大量优化和改造。

从对外公布的资料来看，TDW已成为腾讯最大的离线数据处理平台，集群各类机器总数5000台，总存储突破20PB，日均计算量超过500TB，覆盖腾讯公司90%以上的业务产品，包含广点通推荐、用户画像、数据挖掘和各类业务报表等，都是通过这个平台来提供基础能力。腾讯TDW分布式数据仓库如图7-30所示。

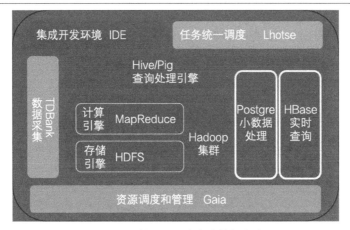

图7-30　腾讯TDW分布式数据仓库

从实际应用来看，数据存储这部分同样需要考虑3个问题，具体如下。

（1）数据安全性

很多数据是不可恢复的，所以数据存储的安全可靠永远是最重要的，一定要投入更多的精力来关注。

（2）数据计算和提取的效率

作为存储源，后面会面临很多数据查询和提取分析的工作，这部分的效率需要确保。

（3）数据一致性

存储的数据主备要保证一致性。

7.4.3.10　数据提取、观察与分析

在产品运营中，数据提取是很常见的，例如，提取某批销量较好产品的关键词，及其相关字段。功能比较完备的数据平台会有数据自助提取系统，不能满足自助需求的，则需要数据开发写脚本进行数据提取。

另外，还有数据的观察和分析，主要是指数据变化的可视化和监控、统计分析。数据的可视化非常重要，通过将数据以图、表的形式进行表示，可使抽象化的数据具体化，清晰有效地传达与沟通，符合人们视觉的需求。

数据的观察和分析是指对数据进行自动化的日报表输出，并标识异动数据。常用的软件是Excel和Spss，这两个软件可以说囊括了数据观察和分析的基本技能，这里不对这两款软件的使用方法和技巧做赘述。要提醒的是，在进行数据分析之前先进行数据准确性的校验，判断这些数据是否是你想要的。

例如，从数据定义到上报逻辑，是否严格按照需求文档进行，数据上报通道是否会有数据丢包的可能，建议进行原始数据的提取抽样分析，判断数据准确性。

数据解读在这个环节至关重要，同一份数据，由于产品熟悉度和分析经验的差异，解读结果也大不一样。因此，产品分析人员必须对产品和用户相当了解。绝对数值通常难以进行数据解读，通常都是通过比较，才更能表达数据含义。那么，如何进行比较呢？通常有3种方式，如图7-31所示。

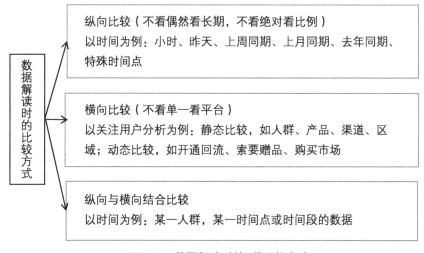

图7-31　数据解读时的3种比较方式

（1）纵向比较

例如，分析YY语音新注册用户的数据变化，那么可以和上周同期、上月同期、去年同期进行对比，看是否有相似的数据变化规律。

（2）横向比较

同样以YY语音为例，进行不同业务间的横向比较。例如，YY语音新增注册数据、多玩网的流量数据、YY游戏新增注册用户数据进行对比，查找数据变化原因。

（3）纵向横向结合对比

把多个数据变化的同一周期时间段曲线进行对比。例如，YY新增注册用户、多玩网的流量数据、YY游戏新增注册用户的半年数据变化，三条曲线同时进行对比，找出某个数据异常的关键节点，再查找运营日志，看看有无运营活动的组织、有无外部事件的影响、有无特殊日子的影响因素。

对数据进行提取、观察和分析，目的是进行产品评估与数据应用，这是数据运营闭环的终点，同时也是新的起点，更是评估产品的健康度，将积累的数据应用到产品设计和运营的最终环节。

规避误区：
只有防患于未然，
才能为运营保驾护航

　　很多运营人员对运营工作存在这样或那样的误区，有些误区就连那些有经验的运营人员也难以避免。例如，重结果轻过程等。对于很多误区，只有有意识规避，才能防患于未然。

8.1　运营与产品的关系

运营与产品的关系主要体现在，运营重要还是产品重要？这决定着运营人员是重点做运营还是做产品。

绝大部分运营人员都有这样一个误区，认为应该重点做运营，即使产品不是十分优秀，只要运营工作做到位，同样可以占据市场，拥有大批用户。其实，这是极其不负责任的，如今的互联网产品，早已经不是处于2012年之前以运营为驱动的时代了，当时那一批互联网产品，从功能到体验其实都很差，几乎全部靠强大的运营在支撑，因此也有很多产品稍差但总体效果做得非常不错的产品。例如一些秀场直播平台，都是以运营为驱动的产品，它们的运营力度、强度很大。

然而，在2012年之后，尤其是移动互联网崛起之后，运营正式进入了以产品为主的时代。产品做得太差，就无法挽救。因为一个产品出来后会有很多竞品跟着出来，可替代品实在太多了，如果你开始做得不好，马上就会被竞品取代。综上所述，产品就像基因，是骨子里带的东西，直接决定日后的运营效果，产品自身不够优秀，也许就再无改变的命运，这就是新互联网时代产品的最大特性。

因此，可以得出一个结论，做运营必须先重视产品，把产品质量、体验、服务做好，真正符合用户需求。同时，无论是做产品还是做运营，需要保持一个合适的比重，让两者处于一个相对平衡的状态。产品强，运营成本投入可以小些；产品弱，运营成本就需要投入多点。

8.2　盲目追求流量，而忽略有效用户量

很多运营人员感慨，每次活动之后获得的不是用户，而是"过客"。为什么这么讲？就是因为获得的所谓用户大部分都是无效的，表面上流量很高，其实只是徒有其表，无法转化为真正的用户。

现在很多公司做活动的目的仅仅是为了获取流量，不惜设置采用很多高成本的方法。例如，送代金券、抽奖、送奖品、发红包等。但效果不佳，真正的用户却没有拉到多少，就像业内人所说的，只是"薅羊毛"。

比如，某APP举办线下推新活动，下载APP送个红包，尽管奖品很诱人，但由于门槛较低，任何人都可以参加，填写手机号、姓名就算是一个用户，一会就有一大群人围上来，这样得来的用户能算用户吗？能为将来的产品服务吗？他们来的目的是领红包，并非关注APP，因为这些用户尽管下载了APP，但打开率很低，很多人在领取红包后直接将APP卸载。

其实，这些不是用户，他们只是访客，甚至可能连访客都算不上，其中90%不能为产品带来流量和收入。也许当时的运营数据很漂亮，当准备变现时，就会发现投入好几百万元甚至几千万元换来的用户，一天只能带来上万元的收入，投入和产出严重不匹配。因此，千万不要把参与活动的用户当成真正的用户，也不可以把下载量当成真正的用户量。

所以，在这里不得不再次强调IP、PV、UV的区别，无法很好地理解和区分这三个指标，致使很多运营人员陷入了极大的误区：盲目追求流量，而忽略有效用户量。

我们都知道，PV是网站运营的重要指标，它直接决定了产品是否有用户光顾。现在互联网上还有很多站点拥有很高的网络流量，但也会出现这样一种情况，尽管这些站点流量在不断升高，但网站的收入却没有相应的上升，原因就是PV带来的变线率下降了。

PV（访问量）页面浏览量或点击量，反映的是用户浏览网站的页面数，所以每刷新一次就算一次。换句话说，就是PV并不是页面来访者数量，而是网站被访问的页面数量。

UV（访客数）可以理解为访问产品的电脑或手机数量。如某网站是通过PC端访问的，UV就代表访问该网站的电脑数量。网站判断来访者身份是通过来访电脑的cookies（一种能够让网站服务器把少量数据储存到客户端的硬盘或内存，或是从客户端硬盘读取数据的一种技术）实现的。如果只更换IP但不清除cookies，再访问相同网站，该网站统计中的UV数不会变。

IP（独立IP）是指某IP地址的计算机访问网站次数，这种统计方式很容易实现，具有真实性，所以往往也是衡量网站流量的重要指标。

综上所述，真正有效的用户不是一时得来的，必须有一个缓慢的积累过程。看看那些昙花一现的产品，就知道通过短、平、快的途径获取的那些用户是多么不稳定。

8.3 只重视产品，而忽略了用户情感和感受

互联网时代，用户之所以决定购买你的产品，并不仅仅是实用需求，更多的是情感需求。用户最初是对产品产生好感，通过体验，产生强烈的购买欲望，最终成为忠实用户。那么，如何让用户产生这一系列的变化呢？最主要的方式就是在运营过程中，善于打感情牌，重视用户的内心感受。

产品本身的质量诚然重要，但能让用户自动自觉地产生某种信任和依赖，还

需要情感的辅助。就像很多购物APP，尽管功能相似，但有些总是无法获得用户青睐。原因就是这些平台只是个简单的交易平台，无法让用户情感得到进一步释放。

手机淘宝为什么增加微淘功能？目的就是跳出购物APP简单的交易属性。而通过微淘可以建立一个类似于网络社区的社交平台，为用户提供足够的情感分享体验，让用户分享自己的故事、经验，进行更深入的交流。这就是一个以情感为突破口打造预期体验的典型案例。如果产品和服务足够强大，再加上情感式的人文关怀，用户就容易被感动。

总而言之，在互联网时代，无论什么产品都需要有超出用户预期的情感，才能让对很多事情司空见惯的用户产生好感，进而激发其购买或使用兴趣。产品是冷冰冰的，正是有了运营，才让产品有了温度。因此，作为运营人员要永远记住一条，运营是一个十分具有人情味的职业，投入的情感越多，越容易打动用户、感染用户。

8.4 过于依赖运营人员，不懂得鼓励用户参与

运营不仅仅是运营人员一个人的事情，还需要用户的深度参与。让每一个用户参与到产品运营中，不但能提高用户参与的激情，还能无形之中为用户解决一些问题。传统产品中，很多产品十分懂得利用用户参与的力量。例如，星巴克为什么会享誉全球，就是因为其善于调动用户来为自己的产品提供创意和思路。

没有人能比用户更了解自己的需要，没有人不喜欢享受自己的成果。由于互联网产品的特殊性，更应该鼓励用户参与。如很多软件在正式上市前，都会先推出测试版，看还有什么不足之处，收集用户的意见，并根据用户的建议做出修改，那么就要让一批用户充当测试者。

例如，游戏类产品，每有新品上市，或更新功能就会公开测试，优先向一部分资深玩家开放。这部分玩家无疑就成了测试者，经过体验会向产品方反馈自己的宝贵意见，以使产品更完善。

附录：

互联网产品运营经典案例分析

看朋友圈、聊QQ、刷微博、搜索百度……已经成为如今很多人日常生活、工作、学习中不可或缺的一部分。微信、QQ、微博、百度搜索这些互联网产品之所以成为现代人的"标配"，离不开背后强大运营的支撑。本部分重点分析这些互联网产品是如何运营的，它们成功的秘诀在哪儿。

案例 ❶

微信：抓住用户痛点，对产品进行精细化运营

微信，被誉为互联网产品中的"超级产品"，自诞生以来已经成为用户数量最多、用户增长速度最快、用户忠诚度最高的移动社交工具。随着微信功能的不断完善，其正在超越社交工具的范畴，触及金融、商业、消费、公共服务等诸多方面，给用户带来极大便利。

例如，人们在逛街时不用再带钱包，利用微信支付既便捷又安全；驾车出行，打开微信中的"城市服务"随时可以查看某段路的交通情况，避免糟糕的拥堵，以及在水电气缴费、餐饮娱乐、电子阅读、线上教育、购物等多个方面都可以享受到便捷的服务。

微信正在改变着大众消费的旧有思维和习惯，可以说，在消费端已经被深深地打上了微信的烙印。同时，在生产制造——企业端同样也被微信的浪潮席卷。目前，无论是传统企业，还是新兴互联网企业、电商、微商，都在微信的影响下开始调整经营和营销策略，努力使自己适应这个微时代。

可见，微信作为一个互联网产品已经完全占领了用户的心智，这种

影响力可以说是前所未有的。这不禁令运营人员思考，微信是如何运营的？其实答案很简单，就是微信抓住了用户的痛点，彻底解决了困扰用户的诸多问题，为用户带来实际利益。

在日常生活中，很多人都有这样的经历：当把产品买回家之后，才发现这并不是自己真正需要的，从而将其束之高阁，然后再去买一个能解决需求的替代品。很多女性买衣服，买完后发现不如销售员说的那么好看，然后就把它永远尘封在衣柜里。也就是说，一个产品如果无法满足用户的需求那就等于是废品，也注定不会受到用户的青睐。而微信之所以能成为超级产品，拥有超高的用户忠诚度，就是因为它在产品理念和设计上已经迎合了用户需求。

微信之所以能满足用户需求，主要体现在5个方面，具体内容如附表1所列。

附表1　微信体现用户需求的5个方面

核心需求	微信的核心需求是通信，其所有的功能都是以通信为出发点来设计的
独特性需求	与其他通信工具类产品相比，微信的独特性在于更能满足用户对移动通信的需求，微信满足的是强社交的需求，而很多产品则瞄准的是弱社交需求
用户定位精准	微信目标用户具有明显的特征：年轻。当然，目前微信用户不仅局限于年轻人，但年轻人占绝大多数。不可否认的是，微信初期的定位都是围绕满足这一群体需求而设计的。 例如，年轻人爱玩，爱社交，微信就开发了"附近的人""摇一摇"功能，满足他们的社交需求；有些年轻用户对购物和理财有需求，于是微信增加了"购物""微信理财"等功能
不断完善产品功能	能够更加方便、更加及时的通信无疑是微信用户需求的关键点。因此，微信不断针对通信这个功能开发了语音输入、视频通话、语音通话等更适合手机的通信功能
配套服务	微信为了能够跟上用户的需求，不断地更新自己的产品体验与功能，红包、手机充值、表情、生活缴费等一系列的功能都是为了满足用户需求而产生的

微信围绕用户需求，将各功能做精做细做到了极致，而且一直在不断完善中。微信对用户需求的重视，其实从各大媒体的报道中就可见一斑，微信天天在谈论用户思维，把自己当作用户来设计产品。

综上所述，决定互联网产品能否受到用户青睐，最关键的决定因素还在于产品自身。即产品的存在能否满足用户需求，解决用户遇到的问题。换句话说，要做好运营，必须做好产品运营，产品运营是一项从内容建设、用户维护、活动策划等多层面来管理产品的工作，是一个互联网产品生存与发展、在竞争中战胜竞品的决定性因素。

那么，对于一个产品运营人员来讲，如何最大限度地保证产品始终向着一个健康的方向发展呢？可以借鉴微信的经验，就像微信团队做微信一样，至少要解决以下6个问题。

（1）第一个问题

产品能够满足用户的哪一个核心需求？比如，微信可以满足用户的即时通信，微博能够满足用户的信息分享，知乎能够满足用户对专业信息的分享与获取。那么，企业的产品能满足用户的哪一个核心需求呢？

（2）第二个问题

与同类产品相比较，企业的产品有什么独特性？现在是同质化的时代，不管是哪个行业，都有无数个产品在竞争，产品如何从中脱颖而出？产品如何能够满足用户在其他产品中得不到的需求？只有确定这一点，用户才会从千千万万个产品中选择该企业的产品。

（3）第三个问题

产品的用户可以分解成哪些角色？用户千千万万，每个用户都是个体，每个用户都有自己的需求，那么企业的产品要如何满足用户的个性化需求？

（4）第四个问题

企业要把自己变成用户，想一想，如果企业是用户，就要思考自己为什么会使用这个产品？又是如何知道并选择这个产品的？

（5）第五个问题

如何确定用户需求满足过程中的关键点？哪个点才是用户的真正需求，这是很关键的问题，抓住这一点，企业所创造的产品就基本成功了。

（6）第六个问题

如何满足用户不断变化、升级的需求？用户的需求不是一成不变的，那么作为产品，又该如何形成闭环，实现自我成长，从而达到不断满足用户需求的目的？

案例 ❷

淘宝：不断创新，依靠延长产品线获取主动

在互联网产品运营中，除了像微信那种依靠单品、挖掘用户核心需求取得成功的运营策略外，还有一种常见的策略，即纵深发展，延长产品线，积极抢占市场份额。淘宝采用的就是这种策略。

淘宝网自2003年5月创立以来，十多年来，可以说每年都处在高速发展中，逐步由一个单一的C2C电商平台发展成如今涵盖C2C、团购、分销、拍卖等多种模式的综合性零售平台，靠的正是不断延长产品线的运营策略，根植于电商零售，根据用户需求和市场续期，每个阶段都会积极创新，推出新品。

比如，2003年正值初创期，当时eBay主导中国电商市场，淘宝当时的任务就是不断学习、探索、创新，摸索出适合中国电商市场平台的运营模式，因此基本以C2C模式为主。

2004～2005年，淘宝进一步发展，可以与市场上一些老牌竞争对手平分秋色。恰恰这时，在电子商务市场中一种双边市场正在形成，即商家与用户的互动更多，淘宝抓住这个机会，改变运营策略，于2004年7月推出买家与卖家即时通信软件阿里旺旺，12月推出第三方网络支付平台支付宝。因此，自从2004年起，淘宝网双边市场用户持续迅猛增长。2005年，用户规模、交易额超过eBay，交易额为80亿元，成为中国最大电商，为下一步发展打下坚实基础。

接下来的几年，淘宝进入了快速发展期，产品品种也开始多样化。例如，2008年4月推出淘宝商城以服务第三方品牌及零售商，淘宝开放平台上线运行，充分运用商户资源协同推动淘宝平台向纵深发展。2014年成立天猫国际；2014年7月与银泰成立合资企业发展O2O业务，2015年美国领先的百货零售商梅西百货、全球领先的零售贸易集团麦德龙先后入驻天猫国际；2017年与百联集团合作，促进新零售商在上海落地。

直播兴起后，淘宝不失时机地开设直播功能：淘宝直播，这是电商平台的一大创新。2016年5月，淘宝正式推出一款以消费为主的直播平台，通过直播买卖双方可以实时互动、实时消费，开创了"商家边播边卖，消费者边看边买"的创新性消费方式。这种方式无论对商家，还是对消费者都是双赢。对于商家而言，可以更加精准地对自身进行定位，找到自己的目标受众，最终形成店铺的粉丝群体。对于消费者而言，可以全方位、多层面地了解商品或相关服务，大大提升了消费体验。

淘宝直播自推出以来，受到了商家和消费者的一致好评，成为淘宝平台上一道亮丽的风景线。同时，创造了不菲的业绩，有很多案例成为营销界的经典。

2016年"双12"期间，LIVE直播携手淘宝天天特价，共同打造12·12淘宝亲亲节直播，并邀请众多艺人加盟。新颖的直播方式，再加上艺人的加盟，立即掀起了一轮消费高潮。据统计，开播3个小时就卖掉2800件商品，平均每分钟卖出15件。

活动从2016年12月1日至10日，共直播9场，总销售额突破2100万元。高峰期是在"双12"当天，LIVE直播和淘宝直播双端在线人数超百万，平均每小时在线25万人，点赞数高达7000万，上百家商家参与其中。直播中LIVE直播官方和各商家还给买家们准备了现金红包和各种商品福利。

上述活动表明，淘宝直播营销威力之大，是以往传统营销方式无法比拟的。然而，淘宝直播并不单单是一个消费平台，还兼具社交性。按照官方的设想，淘宝直播旨在打造一个基于淘宝平台的，兼"社交+消费"特性的大众消费生态圈。换句话说，就是以直播为媒介，利用社交来做线上"导购"，促使卖家和买家互动，最终达到在淘宝上完成交易的目的。

粉丝属性、互动属性和消费属性，是淘宝直播的3个基本属性，共同将其打造成一个"社交+直播+消费"的平台，如附图1所示。

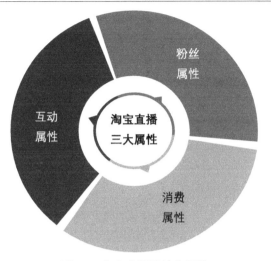

附图1　淘宝直播的基本属性

　　淘宝直播在主播形态、直播内容、产品设计上都毫不掩饰地为卖货服务，紧紧围绕消费行为进行。综合淘宝官方的数据不难发现，淘宝直播的类型和主播代表基本以网红主播为主，这些主播的直播都是基于为自己店铺做宣传、拉动销量的目的。当然，从主播形态上来看，除了网红主播外，还有另外两大类，分别为草根主播、明星主播，主播形态如附图2所示。

附图2　常见的3种主播形态

　　个人卖家、品牌商卖家、KOL、草根网红、明星等角色的共同参与，不同身份的主播却有着不同的诉求，也决定了不同平台的直播产品和内容的思路不尽相同。淘宝的个人店主发起直播是最常见的形式。在淘宝平台上，不少店主自己做起了主播，这是一股草根力量，而其中有一部分人能够成长为红人店主，也有一些人本身就是网红，他们在淘宝上开店本就带有"明星光环"，当他们开通直播也往往自带流量，给自家店铺导流，让用户边看边买的店主们将直接得益于销售转化。

从直播内容上看，范畴涵盖母婴、美妆、潮搭、美食、运动健身等，如附图3所示。目前，店铺、微淘、广告流量都已经围绕直播内容流转起来，与产品销售同步进行。

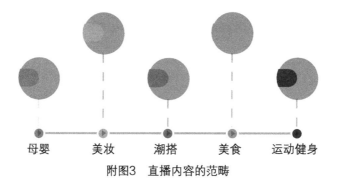

母婴　　美妆　　潮搭　　美食　　运动健身

附图3　直播内容的范畴

在产品设计上可以通过直播界面右下角醒目的购物车发现这种意图，以方便用户在直播过程中随时下单。与此同时，在淘宝直播界面上也可以看到商品链接与优惠券，目的就是方便用户在直播界面内获取到更多的商品信息。

与其他平台相比，淘宝直播的特性特别明显：能卖货。转战淘宝平台，做淘宝直播，电商巧借粉丝的力量，玩转粉丝直播营销。

案例 ❸

百度搜索：始终坚持"内容至上"的运营宗旨

在所有的互联网产品中，最注重内容运营的无疑是百度系产品中的百度搜索。百度搜索是一个以内容输出为主的产品，向来十分注重内容的质量。"有问题找度娘"，虽然是用户对百度搜索的一种戏谑之言，但也从侧面反映出一个事实：确实能够解决他们迫切需要解决的问题。

百度搜索是百度公司旗下的一款搜索引擎工具，专门为用户提供信息检索服务，如今已经是全球最大的中文搜索引擎，成为运营最成功的互联网产品之一。

那么，百度是如何将之运营到如今的地位的呢？其实，百度搜索的运营思路很简单，即内容运营至上，完善信息库建设，优化搜索关键词，百度内容运营框架如附图4所示。第一，立足于搜索引擎及其周边产品。例如，百度百科、百度知道、百度贴吧，从而建立了一个全面、完善的知识库。第二，以搜索引擎为基础，为用户投放与信息内容相关的广告，从而实现最终盈利。

附图4　百度内容运营框架

对于网站类互联网产品而言，内容是至关重要的，因此内容运营也往往成为整个产品运营体系中最重要的一部分。百度，向来十分注重内容，在创立之初便确立了"内容至上"的运营宗旨，通过搜索向不特定用户提供高质量的内容。

其实，除百度搜索外，百度的其他内容类产品也是一向被用户称道的，如百度百科、百度知道、百度贴吧等。在大多数资深互联网运营人员眼中，这些产品的运营都是极其成功的。那么，为什么只有百度能运营出这么多优秀的产品，而竞争对手却无法与其匹敌呢？原因在于百度在打造自己的内容类产品时严格按照以下3点操作。

（1）明确产品的核心价值

一位百度的产品经理曾透露，百度的任何一个产品人员都必须理清产品分析和决策思路，弄清楚产品的核心价值是什么。例如，百度知道的核心价值是"让人们更便捷地获取信息，找到所求"。也就是说，在推出一个产品前，产品人员要清楚用户需不需要这个产品，它能给用户带来什么好处。

要弄清这个问题，并不容易，很多失败的产品之所以失败，就是因为在一开始产品人员就没弄明白这个问题。所以在推出产品前，甚至准备研发时，产品人员就必须先解答这个问题。

（2）分析决策

百度每做一个产品都要经过详细分析、科学分析后进行决策，而且要全方位把控，这是百度做产品的原则。比如，做搜索引擎这个产品，从人员招聘开始就进行严格控制，部门在招聘相关产品人员时，尤其是开发、运营这些关键职位上的应聘者，必经过严格考察，看他们对搜索引擎有没有清晰的认识，为什么这么做，而不那么做？

《李彦宏的百度世界》一书阐述了百度的产品决策原则："无论百度推出什么产品，总是遵循三个原则：有需求、有优势、有收益。"

首先，看需求导向，先有需求，才有动作。无论是大客户需求还小客户需求，都必须去满足。那百度如何同时满足这些需求呢？最主要的方法就是产品多样化。以搜索产品为例，百度搜索包括网页搜索、图片搜索、知道、贴吧、百科等。每一款产品都是百度公司为了满足用户多样化需求而做的整合，并互相关联、互相促进。这并不是偶然现象，而恰恰就是为了有效地满足用户需求，它们本身构成了搜索引擎的整体架构，也是百度最核心的产品竞争优势。

其次，看在有效满足这些需求方面有无优势。很多人都知道，百度非常注重用户体验，这是因为用户体验对于用户终极需求的满足起着决定性的作用，是真正有价值的。

比如，"视频搜索"这个想法在百度公司研发部早有规划，但由于早期互联网资源非常有限。资源下载是一个很大的瓶颈，因此一直没有付诸实践。到了近期，随着专业视频分享网站的兴起，且资源众多，视频搜索诞生的时机逐步成熟。在这种背景下，百度经过设计、研发，一款新的搜索产品终于诞生。最后实践证明，这也是符合百度使命的，专注于做搜索类产品，既推动了搜索领域更深远的发展，又可以增强公司的核心竞争力，保持旺盛的生命力。

（3）不断创新

李彦宏曾说过，"创新的目的是为了更好地满足需求，不为创新而创新"。百度公司的产品和技术部每天都在进行着创新的尝试，但新技术、新功能、新概念只是工具或手段，产品设计更关注"为什么创新"。

百度社区就是百度产品体系中最大的创新，包括贴吧、知道、百科、空间等，构建了一个完整的搜索社区体系，其中，贴吧是一个伟大的创新，贴吧所代表的搜索社区的产品创新模式，是百度对搜索领域做出的杰出创新贡献。我们回顾一下当年贴吧上线时首页的那句话："互联网上的信息，和人脑中的信息相比，只是沧海一粟。"

百度多年的经验证明，类似贴吧这样的社区类产品，在将人们的隐性知识转化为显性知识，并借以提升搜索引擎的核心价值方面，是极其成功的。所以，相对诸多竞品而言其具有独一无二的优势。

如果认真分析一下，就会发现上述3点都是围绕内容运营进行的，无论是分析决策还是不断创新其目的都是为了提升内容质量。也正因为此，百度搜索才成为百度所有产品中最成功的产品类型，也是百度优于其他互联网企业最核心的竞争力。

案例 ❹

QQ：提升用户黏性，将用户运营做到极致

腾讯在所有的互联网公司中是独一无二的存在，自成立以来始终立足于做即时通信，旨在打造一个庞大的互动交际圈。其王牌产品QQ更是开创了在线互动交流的新模式，其拥有的用户数量之多，忠诚度之高是很多产品望尘莫及的。

在大多数人眼中，QQ作为社交工具将用户运营做到了极致，其用户数在所有互联网公司中遥遥领先，由最初的500万注册用户发展至2018年（Q1）的破8亿人，由此也带来源源不断的流量，实现了盈利最大化。

QQ，最初叫OICQ，是腾讯公司于1999年2月开发的一款基于Internet的即时通信（IM）软件，定位在线即时聊天。它的出现是中国互联网发展史上划时代的事件，QQ出现之初，互联网在中国并不是特别普及，在线聊天工具更是少之又少。当时，网民使用最多的就是门户网站、网络论坛或线上聊天室，可以说，没有一个正式的聊天平台。当

时，很多人最大的需求就是在互联网这个虚拟的世界中，找到一种表达观点、释放情感的途径，QQ的出现无疑迎合了这部分人的需求，也正因此，QQ在推出短短几年内即红遍网络，拥有大批用户。

不过，QQ之所以能迅速发展成为大多数人喜欢的聊天工具，并俘获大批忠诚粉丝的心，与腾讯公司对用户的重视是分不开的。腾讯QQ团队在用户运营上可谓下了很大的功夫，面对众多用户，既有一对多的运营，也有一对一的运营，在QQ进入成熟阶段后还有更为精细化的运营。

（1）一对一运营

一对一运营是用户运营内容发展的第一个阶段。此时产品刚推出来，再加上企业也是新成立的，没有任何知名度，没有人了解企业以及企业的产品，因此，产品是很难吸引到用户的。此时，用户运营内容就是与第一个使用自己产品的用户进行一对一的沟通。

QQ采取的就是这种策略。QQ刚刚出现时，互联网在中国并不普及，只有一些大企业员工使用MSN，QQ的用户少之又少。因此，腾讯团队对出现的第一批用户是非常重视的。QQ上线后，腾讯终于等来了第一个用户注册ID：小林。腾讯此时就要想，只有小林和我两个用户，如果小林发现没有朋友聊天是否就会离开了呢？于是加小林为好友，开始进行一对一的深入聊天，而这种一对一的聊天彻底让小林成为QQ的忠实用户。

（2）一对多运营

一对多运营是用户运营内容发展的第二个阶段。配合企业为产品所做的推广宣传，以及第一个用户的良好体验，吸引新的用户到来，使用户数量不断增长。此时，用户运营内容就从一对一转变为一对多。

就像第一个使用QQ的用户小林，认为QQ很不错，于是向身边的朋友介绍了QQ。一来二去，小林让身边10个好友申请了QQ。腾讯此时的工作就从一对一变成一对多。为了让这10个新用户都能像小林一样介绍新用户进来，腾讯决定复制对小林的服务模型，同时和11个用户聊天。此时腾讯已经有点吃力，但仍能坚持。新来的10个用户觉得QQ不错，也都各自推荐了10个朋友使用QQ。

（3）粗放式运营

粗放式运营是用户运营内容发展的第三个阶段。此时，产品已经吸引了一定量的用户。粗放式运营就是以规模取胜。意思就是产品有了大量用户，现在这个阶段就是要发展更多的用户，为用户提供更多的利益。而运营的内容也慢慢变宽，不再像过去那么细致，到了只看大数据的阶段。

就像QQ把MSN打败之后，QQ已经有了几亿用户。腾讯要面对的是数以亿计的用户。这些用户也有了自己的好友，无须和腾讯聊天，腾讯也没有时间、技术去和大量的用户聊天，而且在有了用户规模之后，腾讯关注也没那么精细，而只关注大数据了。

（4）精细化运营

互联网出现这么多年，早已产生了巨大的变化，从互联网到移动互联网再到"互联网+"，互联网已经历了多次蜕变。与互联网息息相关的用户运营策略也在不断地发生变化，从一对一运营到一对多运营，再到粗放式运营，再到现在的精细化运营。

精细化运营是用户运营内容发展的第四个阶段，这是由市场需求决定的。随着市场的变化，企业发现过去它们所做的粗放式运营已经无法有效地提升和增加用户量，而且不够细腻的粗放式服务也越来越受到用户的诟病。为了提升用户量并且留住用户，一些企业开始寻找新的产品运营方式，即将粗放式运营转变为精细化运营，给用户提供更好、更细腻、更具个性的服务。

比如QQ，因为很多人看到了即时通信领域的商机，于是纷纷加入这个领域，此时的QQ面临着众多强大的竞争者。原先不够细腻的粗放式运营不但无法提升用户量，而且使用户不断流失，用户纷纷转向新的产品中，看对方是否能提供更好或更新鲜的服务。

因此，QQ不得不转变运营方式。经过分析，腾讯发现同城好友聊天最多，于是在注册表单上应用了城市字典，用户在注册时必须选择哪个城市，给用户提供同城好友；接着又发现，异性聊天比同性聊天的频率更高，于是在注册表上增加了性别。诸如此类的新功能层出不穷，QQ从最初的粗放式运营转变为精细化运营。这种精细化运营的方式让QQ留住了用户，打败了其他竞争对手，成为即时通信领域的王者。

案例 **⑤**

新浪微博：借助公众人物，强化与粉丝的互动

新浪网成立于1998年，立足于做门户网站、通信及相关增值资讯服务，其中微博是其最具有代表性的产品。如今，新浪微博已经成为互联网时代最主要的自媒体平台，至2018年活跃用户突破4亿人，内容覆盖国内外突发新闻事件、体坛赛事、娱乐时尚、产业资讯、实用信息等。那么，新浪微博团队又是如何将之运营到如今的地位的呢？

微博的运营工作主要围绕三个关键词进行：公众人物、粉丝、互动。

（1）公众人物

打开微博可以发现很多行业领军人物、网络大咖、影视明星等公众人物印记，很多有些知名度的人都开通了微博。为什么微博会受到如此多公众人物的青睐？

首先，这与微博庞大的用户量有莫大关系。根据企鹅智库2018年的用户调查报告，一半以上的用户在微博上关注公众人物账号，这也是微博相对于其他社交平台不一样的地方：与明星的距离更近。

其次，营销成本低、效果好。公众人物发一条微博随时能够登上微博热搜榜，获得众多用户的关注，甚至还会因为用户的高度关注而登上各大媒体的门户网站，可以说是最省时、省力的宣传自己的方式。微博的社交属性也容易让明星与粉丝拉近距离，除了国内的大小公众人物，就连国际公众人物也纷纷开设微博账号，如莱昂纳多·迪卡普里奥，引发了众多用户关注。

（2）粉丝

所有事物之间都是有联系的，相辅相成的，公众人物因为微博普通用户量庞大而进驻微博，目的是获得更多关注，反过来，微博也同样因为明星、名人吸引提升了自身的品牌影响力和更多新用户。

新浪微博的产品运营团队当初正是看到了公众人物与用户对微博所起到的作用，所以在和腾讯微博、网易微博竞争时，就把运营的重心放在了邀请明星上。现在我们打开微博依然可以发现，微博把明星作为自

己的运营核心，纷纷开设了明星头条、明星超级话题等。

（3）互动

在前文阐述到公众人物之所以喜欢开通微博，是因为通过它能与粉丝进行互动，拉近与粉丝的距离。其实这也表明互动性正是微博运营的核心。也正是互动性，让微博营销价值得以体现，微博互动性主要体现在三个方面。

1）成本低。微博营销多是以文字、图片、链接的形式出现，即营销者通过一段文字、一张图片都可以引发很大的营销效果。这种操作比较简单，无须太大成本，而且用户转发也无须付出任何费用。因此，只要是用户感兴趣的，用户都乐意转发。微博的运营团队一直把低成本传播作为自己的运营核心。

2）病毒式传播。病毒式营销是一种通过公众将信息廉价复制，告知其他公众，使营销信息像病毒一样在公众间迅速扩散的传播策略。微博的庞大用户量以及强互动性让企业的病毒式营销得以开展。微博用户通过关注与被关注形成一个庞大的传播网络，加之舆论领袖、各大明星、各类大V对信息起到的推波助澜作用，以及微博用户转发信息的快捷，企业要在微博上进行病毒式营销并不困难，这也是各大企业开通官方微博的原因之一。

3）超强的话题营销。微博的简便性、即时性、互动性等特征决定了微博天生是传播热门话题的绝佳平台。历年的《中国社交类应用用户行为研究报告》显示，关注和参与新闻热点话题是用户使用微博的主要功能之一。企业可以借助热点话题，发布植入营销信息吸引用户关注、参与和转发，也可以自建话题，与用户进行互动。

互动性给微博带来了极强的营销性质，而这也是明星、企业选择使用微博的主要原因。因此，自微博建立以来，其运营团队一直把"互动性"作为微博运营的重中之重，不断地打造新方案、新功能，使微博的互动性更强。

案例 ⑥

森女部落：粉丝成为品牌成长的最大奥秘

森女部落是一个创立于2011年的电商品牌，是首家提出轻度少女概念的电商品牌，依靠良好的服务成功获得了大批粉丝。

森女部落拥有大量粉丝，最关键、最核心的是超高体验的服务。每次有买家进店购买，森女客服都会第一时间热情接待，耐心与新客户沟通，还会主动提出一些问题。例如，你偏爱什么样的款式，是不是经常上网淘宝之类的。他们这么做的目的是为了做好客户的资料收集工作，方便日后跟进。

另外，为争取回头客，森女部落都会对第一次前来购物的客户主动送上一份代金券、赠品等。例如，有的客户特别喜欢腰带，森女部落就会为该客户送上一条能与其服饰搭配的腰带，客户往往都会因此而感到惊喜。通过这些赠送的活动，新客户变成了老客户。

其实，这只是森女部落对待客户的方法之一，还有很多方法有助于老客户变成真正的铁杆粉丝。那么，现在就来看看森女部落是如何对待老客户，并把老客户发展成忠实的粉丝的。

为老客户无条件地设置VIP，让老客户每次到店内购买都能够享受到新客户所没有的优惠，且是不同类型的优惠。例如，不同形式的打折，或者购满多少元，VIP客户另送什么礼品等。这让老客户充分感受到与一般客户的不同。除了给予物质上的优待，森女部落对于老客户情感上的优待也是不同的，除了定期的节假日问候、关怀短信，还会在特定的节日免费为老客户送上一份礼品。例如，中秋节客户在店内下单就会送上一份月饼，客户生日当天如果到店内购物就会给客户送上一份特别的生日礼物，具体的内容则依实际情况而定。

森女部落依靠物质优待、情感优待双管齐下的方式，让老客户变成了自己的忠实粉丝，这些忠实粉丝不但自己会到店内去购买，还会介绍自己身边的朋友到森女部落去购买服饰。即使有时候森女部落的服务出现了一些小问题，他们也会给予五分好评。

森女部落这种给予新老客户不同优待的方式，让新客户变成了老客户，让老客户变成了忠实粉丝。如果企业主们还在为没有忠实粉丝而烦恼的话，或许可以学习森女部落的这种做法。不过在实施的过程中，还要做好以下两点才能发挥出效果。

（1）根据自身情况给予老客户不同优待

每个企业都有自身的特色，给予客户优待时也要根据自己的实际情况，不能去抄袭或者照搬其他企业的优待模式，这样不但得不到好的效果，反而会适得其反，给企业或者客户情感带来严重伤害。就像有些企业为了奖励老客户，学支付宝给客户们发红包，但是因为企业资金限制的原因，红包给得少得可怜，客户不但不认为企业给了其优待，还会认为企业怎么这么小气，只给这么一点。所以说，给客户优待以期让他们变成自己的忠实粉丝，一定要结合企业自身的情况，找到最适合的方式，否则不如不给。

就像手游类游戏，就是根据自身的特色给予客户优待的。对第一次使用支付系统购买道具的客户，它会给予双倍优惠。也就是说，第一次购买得到的道具会比第二次购买得到的道具在数量上多一倍。除此之外，还会有针对新客户的购买折扣。这种方式也非常具有产品特色，符合客户需求，因为新客户刚刚玩游戏，失败概率比较高，所以就需要多一点道具辅助。

（2）不要把物质优惠当成唯一的优惠方式

很多运营者始终坚持"物质至上"的想法，认为给足客户物质方面的优惠，对方自然就会变成自己的粉丝。其实，这就大错特错了。第一，很多客户对物质优惠并不是特别重视，更重视精神层面的感受；第二，依靠物质优惠得来的客户稳定性不强，不能算是真正意义上的忠实粉丝，因为靠这种方式得来的客户，一旦发现无法获得预期的优惠，就会马上"变节"。所以，给予客户优惠，最好采取双管齐下的方式——精神优惠和物质优惠同时实施。

就像有些明星回馈粉丝的做法一样，他们在某报刊上发表自己写给粉丝的一封信，表达自己对粉丝的感情。粉丝看到这些信都非常感动，认为自己的付出得到了回报，并且更加喜爱自己的偶像。这种情感上的回馈远比那种送门票、送签名海报更能让粉丝感动。所以，企业也可采取这样的做法，除了给客户物质上的优惠，也可以从情感上、精神上入手。

总而言之，忠实粉丝才是企业生存的王道，有了忠实粉丝企业才能有更多的底气去发展。

案例 **7**

唯品会：打折、抢购和正品承诺成运营核心

唯品会正如其官网宣传的那样，是一家做特卖的网站。之所以特殊，其中一个非常重要的体现就是活动运营。

据统计，唯品会从2013年开始一直持续盈利，合作品牌近万个，其中独家合作品牌有1000多个，用户数5000多万。2017年全年用户数突破5000万，总订单金额突破3亿元。能在众电商巨头的压力之下走出自己的一条路，这都与唯品会独特的运营定位和思路有着紧密的联系。

唯品会运营主要集中在活动上，层出不穷、花样百出的活动吸引着粉丝不断购买。其中最常用的活动就是打折和限时抢购，再加上退货政策、正品承诺保证，使得用户可放心购买。

（1）打折

唯品会上线初期主要从事奢侈品销售，从欧洲采购奢侈品运回国内销售，而广州当地的太太团用户则是唯品会最初的用户，客单价上万元是很正常的事，但是在用户成长空间上却缺乏动力，因此，打折成为其非常重要的一种手段。

后来，唯品会调整了定位，转向价格较低的本土品牌，但折扣策略仍没有改变，很多产品都会以很大的折扣价格进行销售。

（2）限时抢购

限时抢购也被称为闪购，是以互联网为媒介的电子零售平台，以限时特卖的方式，定期推出知名品牌的商品。一般以原价1～5折的优惠售卖，每次售卖时间持续3～5天，先到先买，限时限量，售完即止。唯品会采用的正是这种模式，每天早10点、晚8点都有品牌上新，新品1～5折不等，包含国内外大牌，每次售卖时间为3～5天，商品一旦售完就不再补货。唯品会把限时抢购作为其运营核心之一，抓住的就是用户的急迫感以及错过就没有的可惜心理。用户在这种限时抢购的刺激之下，就会在第一时间抢购自己看中的产品，从而有效提高了用户的购买率。

（3）正品保障

唯品会为保证产品质量，始终坚持自采自营，以"正品+时尚"模式领跑品质电商行业发展。唯品会所有售卖的商品都是从正规品牌商处进货的，并与品牌商签订正品采购协议。此外，唯品会严格把控供应商的审核机制，营业执照、组织机构代码、税务登记证、生产许可证以及产品质检报告缺一不可，同时与太平洋保险合作，为用户购买的每件商品提供正品保障。

另外，还有"正品十重保障""品控九条""正品鉴定天团"计划，为用户带来切实的质量保障，也使唯品会得到了行业及消费者的认可。2017年易观发布报告《传承品质生活，正品电商发展之路》指出，随着一系列正品保障举措的实施，唯品会秉持的正品电商发展理念已位于电商发展制高点，其代表的"正品特卖"模式也正引领电商行业走向健康、规范的发展道路。

唯品会之所以要把正品保障作为其运营核心之一，就是因为抓住了用户对网购产品缺乏信任的心理。唯品会给用户提供各种正品保障措施，让用户提高了对产品的信任。

案例 **8**

花椒直播：坚持做活动运营，提升粉丝观看体验

花椒直播于2015年6月正式上线，以强大的技术和优质的内容打造了一个泛娱乐化的、具有明星属性的直播分享应用。每天都会有不同的活动，与粉丝进行实时互动和分享，在增强用户黏性的同时，也吸引了大量新用户。

依靠活动运营，花椒直播一跃成为泛娱乐直播领域的"领头羊"。花椒直播的活动有三大特色，第一个是明星阵容强大；第二个是有很多自制节目，富有特色，大大提升了粉丝参与性；第三个是充分利用VR技术，打造真实的3D场景。

（1）明星活动

花椒直播的一个特色是具有较强的明星属性，成为明星与粉丝沟通

的新渠道。花椒直播自从成立以来，就实行"明星战略"，吸引了众多专业主持人加入花椒直播平台。还有众多明星偶像、社会名人等，他们都曾在花椒做过直播，表达自身观点，以更加灵活轻松的方式为花椒上的网友带来精彩内容。

最具代表性的是，2016年3月，花椒直播联合湖南卫视直播超女海选，直播中评委老师可以与选手直接交流，开创了超级女声海选的新形式。花椒直播还曾直播过2016AKB48总选举等活动。因此，花椒直播的很多用户都是"追星族"。

（2）自制节目活动

花椒直播发展到现在，主播式的直播方式已处于"满溢"状态。直播平台急须新的模式才能维持和推动人气，而唯有"内容"才是出路。因此一种新形式——"直播+综艺"模式出现了。作为一种很好的UGC手段，直播综艺最大的优势在于低成本，而网红在C端能给用户带来真实感，并且直播效果也非常好。

花椒直播推出上百档自制直播节目，如《韩大嘴侃体育》《马后炮》《特工学院》《宅男实验室》《马斌读报》《徐德亮讲鬼故事》等，内容涵盖文化、娱乐、体育、旅游、音乐、健身、综艺节目、情景剧等多个领域。无论是脱口秀、歌唱乐队表演，还是名人主持，都可以在花椒直播中看到，跨领域的自制节目丰富并且进一步优化了花椒直播的内容。

经过两年多的发展，花椒直播的自制节目已经自成一体，成为一个相对独立的综艺节目形式。2017年1月13日，首届"指尖上的综艺"移动影响力高峰论坛暨"指尖综艺榜"颁奖盛典在北京隆重举行。花椒直播凭借自制节目《上官文露读书会》，一举斩获"2016年度十大最具颠覆力直播综艺"大奖，凸显了花椒直播在内容上的优势，这也使得花椒直播在与其他同类平台竞争中具有了更大的优势。

（3）进行VR直播活动

花椒VR直播类活动采用双摄像头，并通过手机陀螺仪数据以及技术优化处理，让用户戴上VR眼镜后可以看到更加真实的3D场景。同时采用渲染层畸变算法处理，以减少人在观看时的眩晕感，从而达到更好的体验。花椒直播还对网络传输过程和客户端进行了编解码优化，主播在Wi-Fi环境和4G网络下均可实现VR直播。

当然，花椒直播之所以被称为泛娱乐直播领域的"领头羊"，并不仅仅因为活动次数多，还在于活动内容上有特色，能够适应大多数用户群体的需求。在花椒直播中，除了与明星合作外，花椒直播还有多重优惠举措，以吸引更多的主播、网络红人、普通UGC等。现在，已经逐步形成了明星公众人物、网络达人、普通用户三位一体的用户生态结构，如附图5所示。正是有了明星的带动、大多数普通用户的参与，才造就了强大的花椒直播。

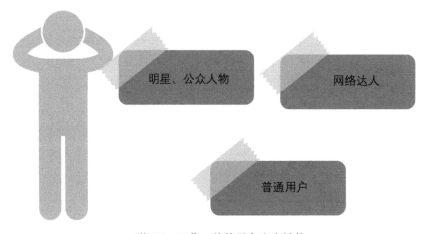

附图5　三位一体的用户生态结构

企业可以利用花椒直播平台上积累的线下的明星、网红资源，与其进行合作，让他们在直播中植入自己企业的额度产品或服务信息，用明星效应吸引用户的关注。还可以在花椒直播上制作属于自己的节目，如果可能的话最好是系列节目，聘请网红主播，吸引用户持续不断地关注企业、关注产品。

这种宣传推广效果非常好，这就好比你投资拍了一部微电影，上了一个电视综艺节目，主角就是你或你的企业，可以根据自己需求设置情节。这样的宣传和推销效果势必比静态的广告要好且网络综艺节目没有电视综艺节目那么多框架和局限，制作要求更低，素材摘取范围可更加贴近百姓的娱乐生活，更接地气。

案例 **9**

滴滴出行APP：依靠数据运营精准服务客户

打车APP的出现改变了传统的打车方式，利用移动互联网的特点，将线上线下相融合，从打车初始阶段到下车使用线上方式支付车费，建立和培养出大移动时代下引领的用户现代化出行方式。经过多年的市场博弈，滴滴出行可以说独占鳌头，其他的打车APP已很难与其竞争。

大数据可以说是滴滴出行获得成功的关键，因此，从一开始，滴滴出行就把大数据的收集作为运营的重中之重。

滴滴出行上每天能产生超过50TB的数据，超过90亿次路径规划。2015年，滴滴出行平台完成14.3亿次订单，这相当于每个中国人都使用了一次滴滴出行；累计行驶里程达128亿千米，这相当于一个人开着车环绕中国行驶29圈；累计行驶时间达4.9亿小时，相当于24小时不间断行驶56000年。

依靠这些大数据，滴滴出行完成了ETA（预估到达时间）、路径规划、实时路线、匹配时间等高难度工作，为用户提供了绝佳的体验感。

例如，为了完成滴滴出行的运营战略，实现多业务的协同，满足供给侧的需求，滴滴出行在"体验驱动"上下了不少功夫。

每款互联网产品都看重体验，滴滴出行提供的服务不是虚拟服务，每天提供给用户的服务都是实用化的，其中涉及的环节非常复杂，而且每个环节都会涉及大量的问题。体验渠道包括技术、产品和设计。与技术相关的是交易引擎，因此滴滴出行在运营时要把握的是如何把人与车匹配在一起，这是滴滴出行核心的竞争力。

产品连接了技术与商业，产品包含的方面非常多，从用户打开APP开始，到行程结束后发表评价，整个流程中的每个细节都是产品需要关注的。比如，APP打开页面速度慢，那么用户的体验感肯定非常不好；付款还需要输入验证码，那么用户肯定会厌烦；评价还需要重新打开一个页面，用户肯定就懒得评价了。所以，滴滴出行的运营核心之一就是把产品每个环节的体验做到极致。

滴滴出行早期的用户形成靠的就是补贴策略，不管是用户还是司机，都能获得很多补贴。滴滴出行的补贴策略让用户得到了比打出租车更便宜的价格，让司机获得了比开出租车高出许多的收入。红包优惠券是滴滴出行最常用的补贴策略，用户打完车后，只要将其分享到朋友圈，就可以获得金额不等的优惠券。这种优惠让用户非常乐于分享，随着分享范围的不断扩大，滴滴出行的用户也就越积越多。

案例 ❿

微招聘：依靠大数据成为"招聘专家"

2014年5月，新浪微博正式推出"微招聘"产品，进军招聘行业，借助大数据向企业和求职者进行双向推送，并瞄准潜在求职者，扩大自己的招聘市场。同时利用社交数据形成微简历，方便用户求职的同时还能防止造假。微招聘上线短短三个月，合作的企业就达到3万家，生成微简历2000万份，日访问量近百万。

庞大的用户需求和大量数据沉淀，让微招聘有着其他招聘企业无法超越的先天优势。微博上"蓝V"认证的企业还可以直接在自己的官微上发布职位、管理简历等，用户也可通过微博直接向微招聘投递简历。

传统的招聘网站前期获取用户的成本较高，难度也很大，加上没有大数据的支持，很难产生大量的黏性用户，而微招聘完全没有这些问题。传统招聘网站的用户一般都是主动求职者，一般没有特别需要的人是不会特意弄份简历去注册的，或者提供一些新的信息去招聘网站看看有什么新的职位，这一点就对企业在推送精准信息方面产生了影响。招聘网上发出的很多信息都是用户或者企业不需要的。针对这一点，微招聘依托微博，建立了用户动态分析的大数据平台，为每个用户和各个岗位进行画像，通过标签化、背书等形式，分析用户的属性、行为、社交等方面的数据，建立关系网络和行为网络，为用户生成微简历，为企业生成数据库，对人才和岗位进行双向推送。

比如，一个从事图书编辑岗位的用户经常在微博上关注、转发、评论图书编辑的相关信息，那么微招聘就会自动把企业招聘图书编辑的岗位信息发送给这个用户，然后同时把该用户的简历推送给相关企业，有效提高招聘的精准度。

为使用户能得到更精准、更符合他们需求的招聘信息，微招聘还会对应聘者的微简历进行随时的碎片化更新，其在微博上关注的领域、发表的看法、社交圈的每一次变化都会给简历带来变化。相对于传统招聘网站，微招聘通过这些大数据，不但能给用户带来良好的体验，还能给企业与应聘者带来最符合他们需要的信息，因此微招聘的用户黏性非常高。

大数据对于运营和发展起到决定生死的作用，所以企业对于大数据一定要充分重视。那么，如何利用大数据给用户最想要的信息和产品，并以此来获得用户的口碑呢？其中有两点需要把握到位。

第一，建立数据库；第二，对数据进行管理和运营，优化数据资源，以充分利用每一份数据。

很多企业不是没有大数据，而是不懂得利用。对于利用大数据不是说做好收集工作就足够了，还要对收集到的大数据进行挖掘和分析，只有这样才能从大数据中得到用户需要和想要的信息。